Stop a la adicción al tabaco

Franco Riboldi

Stop a la adicción al tabaco

Una guía para dejar de fumar

dve PUBLISHING

El material recogido en este volumen toma como referencia el «Curso de motivación» que el Centro Antitabaco de la ASL de Lecco (Italia) propone en su programa de tratamiento.

En primer lugar, doy las gracias a todas las personas que han participado y participan en este curso. Ellas, con su deseo de dejar de fumar y su necesidad de permanente apoyo, me han estimulado en la redacción.

Agradezco también a quienes durante tantos años se han ocupado en el campo clínico de las dependencias patológicas y, en particular, de la del tabaco. Muchas reflexiones e indicaciones contenidas en esta guía forman parte de un patrimonio común construido a partir de la relación directa con el paciente. Por otra parte, trabajar en este sector supone la búsqueda de nuevos caminos y mi objetivo, al proponer este instrumento de autoayuda, ha sido el de armonizar un conocimiento ya consolidado con algunas técnicas originales de autoafirmación y reequilibrio interior.

Por último, quiero dar las gracias a la dirección de la ASL de Lecco, que siempre se ha mostrado sensible al problema del tabaquismo y ha creído en la necesidad de crear en la propia organización un espacio de referencia para las personas que quieren dejar de fumar.

© Editorial De Vecchi, S. A. 2019
© [2019] Confidential Concepts International Ltd., Ireland
Subsidiary company of Confidential Concepts Inc, USA
ISBN: 978-1-64461-433-4

Índice

Introducción

¿Quiere descubrir un tesoro? Un tesoro cambia la vida de cualquier persona, puede resolver cualquier dificultad. No se trata de un sueño del pasado. Existen riquezas maravillosas escondidas a nuestro alrededor y dentro de nosotros. Tenga confianza en esta guía, es un mapa que le conducirá al descubrimiento de sus tesoros escondidos, bienes de gran valor que le ayudarán a salir suavemente y sin lamentarse de la trampa en la que se encuentra.

ⅢⅢ➤ ¿Por qué una guía?

En la actualidad, no faltan leyes contra el tabaco, los discursos están en boca de todos, se dictan prohibiciones, pero se ofrecen pocas ayudas concretas a quien quiere dejar de fumar. En realidad, los servicios, públicos y privados, a los que dirigirse no faltan, pero quien sufre esta dependencia infravalora a menudo su situación. Le cuesta dirigirse al especialista. Quien fuma no percibe la auténtica dimensión del problema, no toma en consideración su propia dependencia de aquello, que en realidad es una trampa. Deja pasar el tiempo y minimiza la situación hasta que no queda más remedio. Sólo en ese momento comienza a pedir ayuda para dejarlo.

A menudo los primeros e infructuosos esfuerzos se limitan al ámbito de la propia fuerza de voluntad. Se intenta olvidar aquello que durante años ha formado parte de los propios hábitos de vida, como si fuese algo muy simple. En la mayor parte de los casos se incurre en auténticas torturas psicológicas que no sólo hacen desistir del intento, sino también perder la fe en la propia capacidad. De esta forma, se crea la ilusión de que la ayuda únicamente puede proceder del exterior y se buscan las novedades, la receta mágica o el fármaco milagroso, perdiendo, en la mayor parte de los casos, tiempo y dinero. El fracaso de estos intentos incrementa la convicción del fumador de que no lo logrará nunca y al final no puede más que resignarse a seguir en su propia prisión. Pero las cosas no deberían ser así. Dejar de fumar es una elección valiente que merece ser valorada y mantenida por todos los medios. Se trata de un objetivo extraordinario que debe programarse y estudiarse con cuidado. No es difícil ni imposible, basta conocer bien qué es lo que se debe afrontar y cuáles son los pasos que hay que dar. La persona que desea dejar de fumar necesita constantemente indicaciones precisas, convicción y determinación, confianza en sus posibilidades y ánimo. Este libro se ha elaborado de acuerdo con estas exigencias. Se trata de un instrumento completo y fácil de consultar que ilustra los aspectos esenciales del tabaquismo, sugiere las estrategias más adecuadas para abandonarlo según las características de cada persona y, sobre todo, mantiene la motivación, la auténtica clave del éxito en este tipo de dependencia.

⧽ Aspectos innovadores

Al leer esta guía y seguir cuidadosamente sus sugerencias es posible apartarse del tabaco sin ninguna dificultad, de manera placentera.

Además, respecto a otras publicaciones en las que abundan técnicas y consejos para dejar de fumar, este manual ofrece una ayuda concreta para recuperar aquello que el tabaco parece haber arrebatado inexorablemente: autoestima, autonomía, autocontrol, respeto por uno mismo y, no en último lugar, placer (el verdadero).

A primera vista, el método adoptado parece partir de un punto muy alejado respecto al objetivo que se quiere alcanzar, pero el tabaquismo, como sucede en cualquier otro tipo de dependencia, afecta al individuo en todas sus vivencias y en su personalidad. Para dejar de fumar definitivamente no basta con suprimir el tabaco, es necesaria una intervención global sobre el estilo de vida.

De este modo, el problema se afronta desde diferentes vertientes, con actuaciones diversas; esta heterogeneidad es la que distingue a esta guía.

En estas páginas, junto al recorrido fundamental basado en la correcta información, proceso imprescindible en cualquier toma de conciencia, se trazan nuevos caminos para potenciar el equilibrio y los recursos internos. Se ejercitan, de manera sencilla y al alcance de todos, habilidades extraordinarias como la visualización mental, el control de las emociones, el pensamiento positivo, la autosugestión, el autocontrol, la autoestima, la relajación, la reeducación del placer y muchas más. Todas ellas serán instrumentos increíblemente eficaces no sólo para afrontar la dependencia del tabaco, sino también para alcanzar cualquier otro objetivo relacionado con el bienestar y el éxito.

Pero el aspecto quizá más innovador de esta guía es el uso del imaginario como forma de afrontar el problema. Se trata de un terreno insólito y estimulante que ayuda a comprender el comportamiento humano y a cambiarlo. El imaginario es el conjunto de las imágenes mentales y de los símbolos que tienen un significado importante para el individuo. Dicho conjunto interviene en la construcción de valores y en la determinación del modo de vida. Gracias a este excepcional recolector de significados el mensaje de cambio llega directamente a lo más profundo de la mente, allí donde el tabaco ha echado raíces.

⠿➡ Etapas del proceso

La guía se articula en seis etapas secuenciales. Son tramos de un camino estudiado para llegar a la meta gradualmente.

De este modo, por un lado, se obtiene la concentración sobre aspectos menos conflictivos en el plano psicológico, atenuando las dudas y expectativas, y, por otro, se favorece la continua consecución de logros concretos que anima constantemente el proceso de cambio.

Cada etapa comienza con el «Punto de partida»: una experiencia auténtica, con un protagonista anónimo, que expone la realidad de quien fuma. Sobre este esquema de vida se evidencia el objetivo específico que debe alcanzarse.

Siguen tres modos diferentes de aproximarse al problema: tres pasos que provienen de direcciones distintas y que convergen en una única finalidad.

◆ **Primer paso: analice su dependencia**
En este punto se intenta profundizar en la realidad del tabaquismo y suscitar reflexiones sobre este tema. La toma de conciencia del problema alimenta el sentido crítico, la determinación y la capacidad de decisión.

◆ **Segundo paso: desarrolle sus recursos**
Este camino lleva al descubrimiento de los tesoros escondidos en la mente. Un recorrido lleno de sorpresas y satisfacciones que crea las condiciones ideales para el cambio.

◆ **Tercer paso: utilice nuevas estrategias**
El último tramo atraviesa el mundo del imaginario, entre metáforas y simbología: una combinación entre ficción, sueño y rea-

lidad en la que se descubren nuevos significados y sentimientos ocultos.

La etapa concluye con «Algunos consejos», un compendio de ejercicios y sugerencias de diverso tipo que ayudan a alcanzar el objetivo de manera agradable y atractiva mediante la continua mejora de la salud y el equilibrio interior.

ⅢⅢ➤ Cómo se utiliza

Las instrucciones de uso son pocas y sencillas. En primer lugar, no deben quemarse las etapas. Aunque la lectura de la guía puede parecer rápida, se necesita algo de tiempo para aprender bien los instrumentos y los ejercicios propuestos. Es erróneo pensar que puede cambiarse de hoy para mañana un estilo de vida que posiblemente se ha ido asentando a lo largo de décadas. Para que el cambio pueda producirse es necesario un periodo de adaptación.

No importa el tiempo que haga falta, lo único importante es dejar de fumar sin sufrir y de manera definitiva.

Se debe proceder siguiendo el orden secuencial de las etapas, sin saltarse ninguna. Si se tiene la percepción de que no se ha alcanzado el objetivo de una etapa, es mejor repetirla y profundizar en ella antes de afrontar la siguiente.

Es importante seguir todos los consejos que se indican, incluidos aquellos que a primera vista parecen inútiles o banales. Cada ejercicio tiene su razón de ser e incluso un pequeño detalle puede representar una clave importante.

Por último, un comentario sobre la experimentación con el imaginario (el tercer paso). Esta parte de la guía puede representar alguna dificultad, especialmente al inicio, cuando algunos conceptos están todavía en fase de elaboración. Se trata de leer y después visualizar mentalmente historias imaginarias aparentemente poco descifrables. Los mensajes que transmiten símbolos como una flor roja, una piedra o el mar agitado, o figuras metafóricas como el príncipe infeliz, la oveja descarriada o el patito feo, forman parte de la novedad más sugerente e intrigante de este libro: cambiar el modo de pensar interaccionando con el significado profundo. Un consejo: esforzarse en comprender es inútil. La eliminación del significado y de la intuición fijan profundamente el mensaje (no obstante, cada cuento se acompaña de un resumen explicativo que ilustrará a los más exigentes en los aspectos imprescindibles para no tener la sensación de perder el tiempo).

Si buscaba ayuda para dejar de fumar, esta guía puede serle muy útil, ya sea sola, ya sea como soporte de otras terapias. Percibirá pronto que su utilidad va más allá de este objetivo. Téngala a mano y consúltela siempre que lo necesite.

PRIMERA ETAPA: planificación

*Lo que merece ser hecho,
merece que se haga bien.*

(Philip Stanhope, IV conde de Chesterfield)

⏵ Punto de partida:
el príncipe infeliz

El príncipe infeliz es un fumador de mediana edad insatisfecho con la vida. Económicamente no le falta nada, procede de una familia acomodada, tiene una hermosa casa, un buen coche, pero vive solo, y esto lo aflige.

En el trabajo no tiene grandes ambiciones, se esfuerza poco y tiende a cambiar a menudo de empresa. Su carácter, algo introvertido, limita sus relaciones sociales. Fuma normalmente para llenar el vacío de la soledad. Comenzó a fumar bastante tarde, hacia los veinticinco años.

Se relacionaba con una mujer fumadora, que más tarde salió de su vida dejándole el vicio como recuerdo. Desde hace poco los cigarrillos ya no le satisfacen. Ha probado a dejarlo de diferentes maneras, pero nunca lo ha conseguido. Parece lograrlo durante algunos días, pero después comienza de nuevo. El príncipe infeliz se siente desmoralizado después de cada fracaso, pero siempre espera que algún nuevo método consiga el milagro. Ha intentado en vano con la acupuntura, con los parches, con medicamentos. Hay una cosa que todavía no ha probado: mirar en su interior. Quizás, antes de pensar en el método, debería dar otros pasos...

Antes de iniciar el «viaje», prepare cuidadosamente todo aquello que le pueda hacer falta y estudie atentamente el recorrido a seguir. Está a punto de afrontar un gran reto en su vida y para ello necesitará planificación. No se consigue el éxito sin una planificación adecuada que lo sustente.

▶ Primer paso: analice su dependencia

¿POR QUÉ FUMA?

Para salir de la trampa y convertirse en una persona que no fuma se debe cambiar la forma de pensar. Sus pensamientos le pertenecen y son un patrimonio que hay que cuidar celosamente, pero en lo que se refiere al tabaco debería revisarlos. ¿Cómo piensa que será su vida sin tabaco? Probablemente no tenga las ideas demasiado claras, pero no se inquiete. Lo que le espera es una transformación positiva de su existencia, no una separación de algo que pueda considerar valioso.

No es ni una pérdida ni una renuncia. Y mucho menos, una obligación. Todas estas convicciones surgen del condicionamiento al que se ha visto sometida su mente durante años. Lo que le espera es una conquista espléndida, una victoria, una liberación; este debe ser el modo de afrontarlo. Le aguardan cosas maravillosas.

¿Cómo conseguir que resulte deseable una acción que, por su complejidad, no lo es?

Objetivamente dejar de fumar no es fácil, porque es necesario superar dificultades. A veces, frente a algo complicado nos dejamos llevar por la falta de confianza en los propios medios y abandonamos antes de comenzar.

La planificación hace las cosas mucho más sencillas. Por un lado, permite fraccionar la complejidad: la acción se descompone en diversas fases, algunas de las cuales serán difíciles de abordar todavía, pero otras son perfectamente asumibles. Por otro lado, favorece una nueva disposición mental: una visión amplia de las cosas implica sentido de la perspectiva, capacidad de adaptación y mayor confianza en las propias posibilidades.

¿Cómo se debe planificar el abandono del tabaco? ¿Cuál es el punto de partida?

Cada fumador tiene su propia relación con el cigarrillo, que se construye y consolida en el tiempo. En ciertos aspectos es original, unívoca, difícil de comparar con la que establecen otros. El plan de actuación debe partir de estas premisas.

El pasado condiciona su presente, ¡el futuro depende de lo que haga hoy!

Imagine que debe organizar un viaje de placer. En primer lugar, elegirá el destino; después, los medios para llegar, y, por último, el momento idóneo para marchar. Ninguna otra persona puede sustituirle en esta elección. Existe una última variable que no debe olvidar en esta hipótesis: el lugar del que partirá. En su viaje de placer las cosas pueden variar mucho en términos de distancia, medios y tiempo si parte de una localidad o de otra. Este es el punto crucial: damos por descontado que la meta que quiere alcanzar es dejar de fumar, pero ¿sabe con certeza cuál es su punto de partida? Para elegir el método más adecuado es importante saber de dónde parte o, en otras palabras, qué es lo que le une al tabaco; por qué ha comenzado a fumar o qué le impulsa a seguir haciéndolo. Para interrumpir la relación con el tabaco resulta fundamental conocerla en todos sus aspectos, incluso en los más profundos. Las frecuentes recaídas que se observan en quien deja de fumar se vinculan estrechamente con una escasa conciencia de esta relación. Muchas personas vuelven a fumar tras un periodo más o menos largo de interrupción debido a que el tabaquismo, como todas las dependencias, es una enfermedad larga, insidiosa, que produce recaídas. Los efectos placenteros del tabaco permanecen fijados en la memoria, unidos de diversas formas a situaciones, gestos, personas y lugares. Basta muy poco para despertar de nuevo el deseo.

¿Por qué fuma la gente? ¿Por qué se cae en esta trampa? Han pasado ya los años en que el cigarrillo acompañaba el mito del hombre fuerte y de la mujer emancipada. Hoy el vicio del tabaco es un signo de debilidad. El tabaco despierta hostilidad, sus daños activos y pasivos están cada vez mejor documentados y si usted quiere fumar, se arriesga a ser marginado. A pesar de ello, la especie de los fumadores todavía no está en vías de extinción. La trampa sigue ahí y en cualquier momento puede caer. Los adolescentes resultan especialmente vulnerables. Para las nuevas generaciones el cigarrillo no ha perdido su fascinación: «¿Qué habrá tras esa nube de humo?». Paradójicamente, cuanto más aumentan las discusiones y las prohibiciones, más se enriquece de significados transgresores esta máscara misteriosa del mundo adulto, haciéndola más apetecible. La rebeldía, durante el periodo de la tempestad hormonal, es un intento de cambiar la piel de manera clamorosa y demostrar al mundo la propia autonomía: es difícil reconocer en este proceso un cebo engañoso.

Pero el tabaco pone cebos para todos los gustos y en cualquier momento. La curiosidad, la imitación y la búsqueda de placer no conocen edades. Igualmente, la necesidad de descargar la tensión, la monotonía y el deseo de novedad pueden conducir a la trampa. ¿Cuál piensa que fue su cebo? Busque en su memoria. Quizás halle algo interesante en su pasado:

◆ ¿Cuántos años tenía cuando fumó por primera vez?
◆ ¿Temía algo al hacerlo?

◆ ¿Cuándo comenzó a fumar regularmente de manera pública?

◆ ¿Qué valor tenía el tabaco para usted?

◆ ¿Qué momentos importantes de su vida ha vivido como fumador?

◆ ¿Qué personas han tenido un papel significativo para usted? ¿Eran fumadoras?

Estos recuerdos pueden situar su punto de partida en un tiempo lejano. Por otra parte, es fundamental que intente comprender su comportamiento antes de cambiarlo, saber qué es lo que le impulsó al principio y qué lo ha mantenido en el tiempo. Haber asociado el tabaco a experiencias significativas y placenteras de su vida puede hacer que le sea más difícil abandonarlo. El recuerdo de estos momentos le permite reelaborar en un plano racional los refuerzos inconscientes que han arraigado en su mente. Puede ser muy útil recordar los momentos significativos y agradables de su vida en los que no ha fumado. ¡También la vida sin tabaco es bella! En su pasado, ¿qué personas no fumadoras han tenido un papel importante? Estos recuerdos pueden inclinar la balanza a su favor. Dilucidar las causas le ayudará a no cometer errores cuando pase a la acción.

A veces las dependencias son síntomas secundarios de un malestar profundo, representan formas de compensación que es necesario conocer, para evitar resolver un problema creando otros. En cualquier caso, en el origen del problema existe una *falta de seguridad*, una situación de especial fragilidad psíquica que hace que colocar el cigarrillo entre los labios asuma el significado de unión al seno materno, momento que permanece en la memoria de todos como un periodo de gran seguridad y protección. En otras ocasiones, el síntoma puede atribuirse a una alteración de carácter depresivo. Los sentimientos de rechazo de la vida y de autodestrucción encuentran en el tabaco un alivio inconsciente. Otras veces el miedo a morir genera, sin darnos cuenta, la necesidad de fumar, como si este desafío continuo a la muerte atenuase la tensión que produce afrontarla.

No puede olvidarse que la gestualidad inconsciente vinculada con el tabaco (desde coger el paquete hasta extraer el cigarrillo y encenderlo) desempeña a menudo *funciones antiestrés*, sobre todo en situaciones de baja autoestima (para ocultar el desasosiego en la relación con los demás) o de excesiva ansiedad (para descargar la tensión en circunstancias difíciles). Cuidado, sin embargo, con el psicologismo fácil. No necesariamente el tabaquismo oculta una situación de malestar. La dependencia del tabaco puede desarrollarse también en ausencia de especiales problemas psicológicos.

La facilidad para dejarse sugestionar y la persistente exposición a mensajes positivos a menudo son suficientes para caer en la trampa. La publicidad del tabaco se prohibió hace años, pero formas de publicidad indirectas, más ocultas y penetrantes, actúan todavía en diferentes niveles.

Las marcas de cigarrillos siguen apareciendo impresas en prendas de vestir y otros objetos de gran consumo. En las fotografías de muchas publicaciones aparecen todavía en primer plano personajes famosos con el cigarrillo en la boca. En el cine, el arte o la literatura se sigue manteniendo este comportamiento poco educativo. ¿Por qué esta desconsideración? ¿A quién beneficia todo esto? La realidad es más compleja de lo que se da a entender en estas preguntas. Existen estímulos inconscientes más fuertes y devastadores que la «publicidad oculta» todavía presente. Se trata de *sugestiones* que se desarrollan en el contacto cotidiano entre las personas.

Convivir con familiares, amigos o colegas que fuman significa estar sometido a una presión psicológica intensa, continua y emocional que es difícil de erradicar. En este nivel se disputa la auténtica lucha con el inconsciente. Intente elaborar mentalmente una lista con todas las personas que fuman a diario en su presencia: este es el marco de su prisión. Depende de usted aceptar las cosas como son o pintar en su futuro un cuadro con colores más brillantes.

¿QUÉ MÉTODO UTILIZAR?

La meta que quiere alcanzar se define cada vez con más claridad. Ahora puede afrontar otro aspecto crítico en su plano de actuación: ¿cuál es el mejor recorrido para llegar al destino?, ¿cómo dejar de fumar? La elección no es fácil. En el tratamiento del tabaquismo existen diferentes métodos, pero no todos son adecuados en su caso. No se lance de cabeza a un tratamiento cualquiera, elija la terapia adecuada. Si no quiere encargar a otros esta tarea, hágase primero una idea de las diferentes opciones que tiene a su disposición.

> ¡Estudie minuciosamente todas las rutas y evitará que el azar guíe sus pasos!

El método más simple y económico para dejar de fumar consiste en la interrupción voluntaria, sin apoyo de ningún tipo. Esta vía puede recorrerse de dos modos diferentes:

- **interrupción total:** en un momento dado se decide no fumar más;
- **reducción gradual:** cada día se reduce el número de cigarrillos fumados.

Se trata de dos modos de resolver el problema muy diferentes entre sí, aunque en ambos casos se necesita una notable fuerza de voluntad. En el primero se debe afrontar una crisis de abstinencia (concepto en el que se profundizará más adelante) que será tanto más fuerte cuanto mayor sea el número de cigarrillos que se fuma cada día. Esta modalidad no es aconsejable para las personas con un alto grado de dependencia. La reducción gradual es adecuada, en cambio, para cualquier nivel de dependencia porque permite al organismo una adaptación continua a la progresiva disminución de nicotina. De este modo la crisis de abstinencia se reduce y se dispone de más tiempo para adaptarse al cambio. No obstante, se requiere gran determinación y la capacidad para respetar los tiempos necesarios.

Ayuda farmacológica

También se puede recurrir a productos farmacológicos. Existen fármacos de acción sustitutiva y sintomática. Los primeros contienen nicotina, que sustituye en la práctica a la de los cigarrillos. Se comercializan en diferentes presentaciones, más por razones de mercado que por motivos clínicos (parches transdérmicos, chicles, tabletas sublinguales, pulverizadores nasales, inhaladores). El cometido principal de estos fármacos es suministrar la nicotina de un modo diferente al habitual, para reducir el refuerzo de la gestualidad y evitar la absorción de otras sustancias tóxicas contenidas en el tabaco. Una vez sustituido el comportamiento, se intentará reducir gradualmente el aporte de nicotina. Los aspectos negativos son la posible aparición de dependencia, la duración del tratamiento (relativamente costoso) y el riesgo de absorber demasiada nicotina, especialmente si no se consigue dejar de fumar. Al tratarse de productos que no necesitan prescripción médica erróneamente se cree que son fáciles de utilizar. En realidad, sería mejor hacerlo con la supervisión de algún especialista, ya que usados de manera correcta pueden dar buenos resultados.

Los fármacos de acción sintomática se utilizan, en cambio, para paliar los síntomas de la abstinencia. Se pueden usar tanto ansiolíticos, que reducen la ansiedad, uno de los principales síntomas de la abstinencia del tabaco, como fármacos que actúan sobre el estado anímico, notablemente deprimido cuando se deja de fumar. Actualmente el producto más utilizado y eficaz en este sentido es el bupoprión, un antidepresivo que actúa de manera específica reduciendo el deseo de fumar. También este tratamiento es bastante largo y costoso, tiene algunos efectos secundarios y debe realizarse con el seguimiento de un especialista. Una propuesta farmacológica interesante es la vacuna antitabaco. Consiste en sustancias proteicas asociadas a la nicotina (proteínas conjugadas) que, comportándose como antígenos, son capaces de estimular la producción de anticuerpos contra la nicotina. El complejo nicotina/anticuerpo es demasiado grande para atravesar el filtro anatómico existente entre la sangre y el cerebro (la barrera hematoencefálica), y, de este modo, la nicotina no puede alcanzar los receptores donde actúa. Las expectativas son esperanzadoras. Lástima que el placer del tabaco no dependa únicamente de la nicotina.

Métodos psicológicos

Para dejar los cigarrillos también es posible recurrir a los métodos psicológicos. El tabaquismo es una dependencia principalmente psíquica y puede curarse incluso sin fármacos. Mediante las técnicas adecuadas se puede aprender a controlar el comportamiento e incrementar la motivación y la fuerza de voluntad. También se pueden mantener a raya los síntomas psíquicos de la abstinencia. Se trata de habilidades que requieren normalmente la intervención de expertos, pero no se excluye la *autoayuda*, en la que, entre otras, se inspira esta guía.

Existen, además, muchos otros sistemas que pueden ayudar, entre los que merecen ser citados, por su fiabilidad y eficacia (siempre que se realicen con competencia y profesionalidad):

◆ los grupos de autoayuda: compartir el problema con otros resulta de gran ayuda, favorece el intercambio de experiencias y el apoyo recíproco, y cohesiona y refuerza la motivación;

◆ la acupuntura: técnica terapéutica de la medicina tradicional china, que consiste en la aplicación de finas agujas estériles e indoloras en determinadas zonas del cuerpo (orejas, nariz y muñecas); ayuda a dejar los cigarrillos modificando el gusto por el tabaco, reduciendo el deseo y favoreciendo la relajación;

◆ la hipnosis: en un estado alterado de conciencia, a medio camino entre el sueño y la vigilia, se pueden transmitir eficaces recomendaciones de manera personalizada;

◆ la homeopatía: el uso de productos naturales puede resultar bastante útil en el tratamiento del tabaquismo, especialmente en sujetos en los que sea desaconsejable, por motivos de salud, la utilización de fármacos.

La lista podría continuar. Las vías de que se dispone para alcanzar la meta no son pocas, pero esto no facilita la elección. No existen métodos que sean mejores que otros. Algunos son sencillos, otros complejos; algunos costosos, otros gratuitos; algunos experimentados desde hace tiempo, otros nuevos. ¿Cuál elegir? ¿Con qué criterio?

En primer lugar, debe valorar su fuerza de voluntad y su motivación. Si dispone de ambas no hay duda de que la interrupción voluntaria se encuentra a su alcance. En cambio, si piensa que no tiene suficiente motivación ni fuerza de voluntad, primero será necesario que las cultive de manera apropiada, ya que cualquier otra acción resultaría ineficaz. Seguramente esta guía puede ayudarle en este sentido. Si su dependencia está muy arraigada y necesita más ayuda, no se fíe de los consejos genéricos de amigos y conocidos: lo que puede haber sido eficaz para unos puede no serlo para otros. Diríjase a su médico de cabecera o a un centro especializado.

Existen muchas instituciones públicas y privadas que ofrecen este tipo de servicio. Si ya ha probado a dejarlo en el pasado, rememore su experiencia. Haber experimentado con éxito un método es una buena razón para repetirlo. Sin embargo, esto no siempre es válido. La dependencia puede evolucionar fácilmente, así como pueden variar las características psicofísicas individuales. Lo que dio buenos resultados en el pasado ahora puede resultar inadecuado. Las recaídas tienen que hacer reflexionar sobre la elección. Pregúntese por qué tras tanto trabajo para salir de las arenas movedizas se encuentra todavía atrapado. ¿Fue adecuado el método utilizado? En cualquier caso, si fracasó, no pierda la esperanza: «No pierde nunca quien no deja de intentarlo» (E. Torricella).

Recuerde que dejar de fumar no es sólo una cuestión de método. Para salir definitivamente de la dependencia no basta con saber cómo hacerlo. Es necesario también conocer el problema, cultivar la motivación, desarrollar cierta capacidad, valorar bien los tiempos y prepararse para afrontar todos los obstáculos que puedan surgir, incluidos los que acompañan al cambio. Todos son elementos fundamentales que deben tenerse en cuenta al preparar el plan de actuación.

Ⅲ➡ Segundo paso: desarrolle sus recursos

AUTOCONVENCIMIENTO

Un requisito fundamental para programar con sentido y eficacia sus acciones es creer en lo que está haciendo. Si se convence de que dejar de fumar es imposible y de que no lo podrá hacer nunca, de poco le servirá una buena planificación. Las convicciones tienen el increíble poder de condicionar las acciones de las personas. Por este motivo, mientras está tomando vida su proyecto debe cultivar sólo convicciones de confianza y no dejar espacio para el pesimismo, que podría limitar su acción. Pero ¿qué son, en realidad, las convicciones? ¿Cómo nacen?

La convicción al principio es únicamente una simple idea, que puede ser el pensamiento de alguna persona o puede surgir inconscientemente en el interior. Con el paso del tiempo si esta idea se refuerza de manera adecuada, se transforma en convicción. Y de la convicción a la acción hay un pequeño paso. Lo que distingue a la idea de la convicción es precisamente el paso a la acción. Veamos un ejemplo. Hemos dicho que para dejar de fumar necesita un plan. Esta idea se está estructurando en su mente y puede evolucionar o no. Hasta que no la ponga en práctica seguirá siendo una idea, pero si actúan refuerzos que la revaloricen (por ejemplo, testimonios a favor) puede comenzar a creer cada vez más en ella, hasta que espontáneamente coja lápiz y papel, y redacte su propio plan. En este momento su idea se ha convertido en una convicción. Justas o erróneas, las convicciones dictan el comportamiento. Pueden entrar en su vida sin pedir permiso y determinar su destino sin que se dé cuenta. ¿Cuáles son sus convicciones respecto a la trampa en la que se halla? ¿Piensa que podrá escapar o teme lo contrario?

Existe un secreto para alcanzar con seguridad su meta: ¡saber dónde quiere ir y creer que podrá llegar!

A veces, lo más importante en la planificación, el objetivo final que se quiere alcanzar, puede ser impreciso. Quizá parezca algo extraño, pero en realidad no lo es. ¿Cuántas personas para seguir su vocación hacen planes muy definidos, se preparan durante años realizando sacrificios y después, una vez alcanzada la meta, se dan cuenta de que no era eso lo que querían? No siempre es posible prever qué sucederá tras un gran cambio existencial. Lo que puede ser satisfactorio en la imaginación puede no serlo en la realidad. Esto también rige para quien desea dejar de fumar. Cuando se piensa en este cambio a menudo las ideas más recurrentes son: «Es algo que debe hacerse», «Las cosas no pueden seguir así», «Debo dejarlo por completo», etc. Raramente se ve el cambio como una novedad agradable y se piensa que la transformación sea una mejora vital. Lo que atrae es únicamente la intención de no seguir siendo como se es. Falta aquel componente emocional positivo que acompaña a menudo al deseo.

Esto es así porque no tenemos clara cuál es la meta que debemos alcanzar, la conocemos sólo parcialmente. Deseamos eliminar un defecto, que en ciertos aspectos también es fuente de satisfacción, pero sabemos muy poco de cómo nos sentiremos después. Por este motivo, para evitar un vacío en el plan de actuación, es necesario que tenga claro el cambio que quiere afrontar. Debe verlo como es en realidad (aunque de momento no lo perciba como tal). En la práctica debe construir dos nuevas convicciones: la primera, con relación a la meta establecida, que debe ser apetecible, deseable, y la segunda, con relación a sus posibilidades de alcanzarla, tiene que sentir el objetivo a su alcance, sin albergar ninguna duda al respecto. Se trata, por tanto, de realizar un trabajo de autoconvencimiento. La autoconvicción es una habilidad que reproduce de manera artificial el nacimiento de una convicción en sus primeras etapas.

La primera fase de este trabajo consiste en la ideación. Tener ideas no es difícil. Puede hacer deseable su meta imaginándola como un hermoso regalo o como una agradable sorpresa. Dejar de fumar seguirá siendo todavía una acción indefinida, pero adquirirá connotaciones estimulantes. Curiosidad y gratificación impulsan en gran parte nuestros deseos.

La segunda fase gravita en torno a la valorización de la idea. Para que un pensamiento autoinducido crezca y pueda reflejarse en el comportamiento debe ser recurrente y asumible, y no entrar en contradicción con otros convencimientos. En esta fase, que puede requerir algún tiempo, es necesario repetir internamente la idea a la que se quiere dar valor, prestando atención a no caer en la banalidad o la obsesión. Le puede resultar útil preguntar a alguna persona que conozca (y que no fume) en qué medida aprueba el concepto que tiene en mente.

La tercera y última fase es la ritualización. La idea se transforma en convicción cuando se pasa a la acción. Se trata de un paso espontáneo que no puede inducirse artificialmente, pero es posible llevar a cabo acciones preparatorias, tal como sucede en determinados ritos donde los gestos desempeñan una función propiciatoria y de activación del acto. Puede ser útil establecer una fecha precisa en la que iniciar la terapia y señalar cada día que pasa, y que le aproxima a la misma, con un pequeño gesto ritual (por ejemplo, marcando los días en el calendario o informando diariamente a alguien que conozca sobre los días que faltan para el evento). Lo importante en cualquier caso es hacer algo. Aunque no se trate todavía de la acción deseada, el pensamiento comienza a reflejarse en el comportamiento.

La otra convicción que debe elaborar se relaciona con la confianza en su capacidad para lograr dejar de fumar. Puede expresar el pensamiento inicial de este modo: «Si tantas personas lo han hecho, yo también podré». Revalorice esta idea con la repetición continua y la búsqueda de confirmación de quien esté cerca de usted (lo ideal sería dirigirse a conocidos que han dejado de fumar o personas que se preocupan por su salud). Ritualícela por último con acciones preparatorias. Veamos algunos ejemplos. Elija una hora del día y durante ese tiempo coloque el paquete de cigarrillos en un lugar fuera de su alcance. Permanezca una hora sin fumar y compórtese como las personas que no fuman, durante una hora únicamente, ¡incluso usted puede lograrlo! Repita este ritual preferiblemente cada día a la misma hora, colocando el paquete de cigarrillos siempre en idéntico lugar. Si resistir durante una hora le parece un sacrificio puede actuar de este modo: cada día a la misma hora salga al aire libre sin llevar el paquete de cigarrillos. Elija un prado, un jardín o algún lugar con plantas y aire limpio. Inspire diez veces profunda y lentamente, manteniendo los ojos cerrados e intentando visualizar cómo penetra y sale el aire de sus pulmones. Realice este proceso con calma y sin prisa; además de ser un acto preparatorio, es un ejercicio muy relajante.

VISUALIZACIÓN MENTAL

Se trata de un método muy eficaz para modificar la propia opinión sobre la meta que se desea alcanzar.

Con esta singular técnica se producen imágenes mentales capaces de influir sobre los sentimientos, los pensamientos y el comportamiento. Es un proceso similar a la imaginación, pero no es exactamente lo mismo. En ambos casos se producen imágenes mentales, pero así como en la imaginación estas representan algo que todavía no existe, en la visualización las imágenes mentales corresponden a algo ya definido y existente. Por ejemplo, si alguien le describe un paisaje que usted no conoce, a partir de ciertos elementos (montaña, lago, refugio, etc.), puede imaginar este lugar de acuerdo con su experiencia y la deducción. En cambio, si observa directamente el paisaje, puede visualizarlo con sólo cerrar los ojos y reconstruir mentalmente la imagen.

Imaginación y visualización son procesos mentales que utilizamos diariamente, en la práctica cada vez que pensamos o recordamos algo. Si es cierto, como se afirma, que una persona desarrolla unos 15 000 pensamientos casuales cada día, constataremos que tenemos una disposición natural hacia estos procesos y lo bien entrenados que estamos en su uso.

Cuando hablamos de imágenes mentales no nos referimos sólo a imágenes mentales visuales, como si fuesen un cuadro o una fotografía, sino que pueden verse implicados todos nuestros sentidos. Al igual que somos capaces de imaginar un hermoso cuadro, lo somos también de imaginar el sonido de una campana o el ladrido de un perro, el perfume de una rosa o del pan recién horneado, el sabor del limón o del chocolate, el calor del sol o la suavidad de un beso.

Sin embargo, no siempre logramos reproducir las imágenes mentales de todas las sensaciones. Algunas personas logran construir imágenes mentales visuales con más facilidad; otras, en cambio, son más hábiles con las auditivas. Existe una gran variabilidad individual en la capacidad de representación mental, que depende del uso preferente de unos sentidos frente a otros. En cualquier caso, siempre es posible potenciar la propia capacidad de imaginación y visualización. Con algo de ejercicio se puede reproducir cualquier tipo de imagen mental. Por ejemplo, tome en su mano un objeto común (un lápiz, una fruta, un adorno) y obsérvelo atentamente. Cierre los ojos e imagine que todavía lo está mirando. Intente reconstruir minuciosamente la figura. Si no recuerda algún detalle abra los ojos, observe de nuevo el objeto y cerrándolos de nuevo vuelva a efectuar la reconstrucción mental.

Repitiendo este ejercicio al final conseguirá visualizar perfectamente el objeto. Puede trabajar del mismo modo la reproducción de la imagen mental de un sonido, de un olor, de un sabor o de una sensación táctil.

Una vez que domine esta técnica podrá utilizarla para dejar de fumar.

> ● **¡Imagine que está en el lugar en el que desearía y toda su energía se orientará hacia allí!** ●

¿Cómo pueden ayudarle las imágenes mentales a resolver su problema?

Evidentemente las imágenes mentales pueden actuar de alguna manera sobre el comportamiento. Nuestras acciones no dependen sólo de la voluntad. A menudo, como en el caso del tabaco, el inconsciente nos guía. En estas profundidades de la mente residen las reglas que gobiernan la conducta humana, las normas prioritarias, las más intensas, las que garantizan la satisfacción de las necesidades. Entre estas, se encuentra también la regla errónea que debe corregir, la que le impulsa a fumar. Las imágenes mentales pueden facilitar esta corrección. El inconsciente es como un niño, sensible a la comunicación mediante imágenes, un lenguaje elemental que transmite significados de manera simple e inmediata, pero no sólo esto, el inconsciente no hace distinción entre realidad e imaginación, por lo que puede ser influido por cualquier imagen presente en la mente. Si imagina que es una persona que no fuma, comunica a su inconsciente que no tiene necesidad de fumar. Esto obviamente no se corresponde con la realidad, pero su inconsciente considera esta imagen como verdadera y se adapta a esta nueva situación, orientando sus fuerzas para mantenerla.

La elaboración de imágenes mentales es una fascinante manera de introducir en el inconsciente nuevas pautas de comportamiento. La gran difusión que está experimentando el uso de imágenes orientadas al éxito, no sólo en el campo médico y psicológico, sino también en el de los negocios, la política, el arte, el deporte, etc., demuestra la increíble eficacia de esta técnica.

Para favorecer el cambio no deberá sino introducir en la mente una imagen orientada al éxito, como la del momento en que habrá dejado de fumar. Antes de comenzar este ejercicio, relájese. La relajación es un acto preliminar importante que facilita la capacidad de imaginación. Necesita un lugar tranquilo en el que se sienta a gusto y aislado del mundo exterior. Cuando haya alcanzado un buen nivel de distensión puede comenzar a imaginar y visualizar su meta.

Imagine el aspecto que tendrá cuando haya dejado de fumar. Concédase el tiempo necesario para que la imagen exprese todas las sensaciones que le gustaría experimentar en aquel momento. Observe, como si se tratase de un espejo mágico, su satisfacción, su piel tersa y brillante, sus ojos luminosos y radiantes, su boca sonriente. Imagine su aliento fresco y limpio, su cuerpo atractivo, sin olor a tabaco. Imagínese respirando aire puro, bienestar, felicidad, rodeado de agradables sensaciones. Cuantos más sentidos y emociones consiga implicar en esta visualización, más intenso será su efecto. Puede repetir varias veces esta experiencia durante el día (bastan sólo algunos minutos cada vez) intentando penetrar en esta nueva imagen y vivir plenamente las sensaciones. Al imaginar que las cosas son así, que se ha logrado el cambio, el inconsciente se programará en función de esta representación de la realidad.

⮕ Tercer paso:
utilice nuevas estrategias

EL GRAN CASTILLO

Abra la puerta de la imaginación. Existe una meta que debe alcanzar, pero no conoce todavía el recorrido que le espera. No sabe cuánto durará ni qué fatigas pasará. Sólo sabe que desea hacerlo.

Su aventura comienza como en los cuentos, en un gran castillo, un escenario que forma parte de los recuerdos de cualquier persona. Lea con atención este cuento y revívalo después mentalmente con los ojos cerrados. Colóquese en el lugar del protagonista y deje que afloren las sensaciones y emociones.

Se encuentra en un castillo muy hermoso, muy grande y completamente desierto...

Hay tantas cosas preciosas, tantos objetos de valor... Hay tanto silencio...

Se pregunta por qué está allí. No sabe qué hacer, ni dónde ir. Quizá se encuentran allí las respuestas que busca...

En este castillo no está usted solo. También está el príncipe infeliz...

Él no ha salido nunca del castillo, siempre ha vivido allí, en sus dominios, en su prisión...

Siente tristeza al encontrarse con él. Su infelicidad le contagia. Su melancolía le invade...

No logra explicarse este pesar. Quizás en aquel lugar exista un secreto que no conoce...

Ahora el príncipe infeliz se dirige al jardín y usted lo sigue. Ante sus ojos aparece un jardín muy grande, con un detalle curioso: únicamente crecen flores rojas. Centenares, miles, todas iguales, todas rojas. Todas tristes...

¿Por qué todas estas flores? Le sorprende su forma, casi artificial. Son raras, extrañas y, sin embargo, cautivadoras. Desprenden un aroma intenso, embriagador. Algo misterioso y seductor le rodea. Tristeza y atracción se entremezclan...

El príncipe infeliz recoge una flor con ritual lentitud, la huele intensamente y su rostro se serena por un instante. Pero es sólo un instante, después regresa a su contagiosa tristeza...

Usted intuye el hechizo de aquella flor. Comprende tal vez por qué el príncipe infeliz no ha salido nunca del jardín...

Mientras sus pensamientos vagan en esa atmósfera irreal, un fuerte viento se alza de improviso. Ruge con rabia a su alrededor, todo se mueve y se agita. Sacude su cuerpo y su mente.

Hasta que una gran hoja verde golpea con fuerza en su rostro, despertándole bruscamente de su inquietante sueño. Se trata de una hoja especial: sus nervaduras parecen trazar un camino. El viento la ha llevado hasta usted. Viene desde muy lejos...

Compruebe el significado

El *castillo* representa simbólicamente a quien lo habita y es «su castillo». Estando en él percibe un malestar profundo que le impulsa a escapar. No es un castillo acogedor.

El *príncipe infeliz* es un personaje contradictorio. Podría tenerlo todo en la vida, pero le falta algo importante. Este personaje también comparte algo con usted.

Las *flores rojas* son un símbolo contradictorio. Se vinculan con el crecimiento y la vida, pero son raras, extrañas, su color denota peligro y agresividad. Poseen también un encanto ilusorio y cruel: juegan con las emociones.

El *viento* es un símbolo positivo de cambio. Forma parte de la naturaleza, la modifica y mueve los elementos esenciales para la vida. No es casual que le traiga una gran hoja verde, símbolo de crecimiento, que recuerda con sus nervaduras un nuevo proyecto vital. El cambio que está madurando forma parte de las posibilidades que se le ofrecen. Nada de lo que pertenece a la naturaleza es inmutable, incluidos los seres humanos.

Algunos consejos

Diario: adquiera un pequeño diario y conviértalo en su compañero de viaje. Deberá registrar los momentos principales de este recorrido, las tareas que se le encomienden y todos los hechos que considere oportuno anotar. El primer comentario corresponderá al plan de actuación: describa con cuidado el punto de partida (cuántos cigarrillos fuma cada día, desde cuándo y por qué fuma, según su criterio). A continuación, responda por escrito al cómo, cuándo y por qué del proyecto que quiere realizar: qué método quiere seguir, el tiempo que quiere dedicarle (una fecha precisa en la que iniciar el tratamiento y otra de duración máxima), qué motivos le impulsan a cambiar. No olvide describir también la meta exacta que quiere alcanzar (¡no la dé por descontada!), intentando sobre todo complementarla afectivamente con expresiones adecuadas.

Fórmula mágica: «Cuando haya dejado de fumar, seré la persona más feliz de la tierra». Repita con convicción esta frase todos los días a una persona diferente (es importante que esta persona no fume). Recuerde apuntar lo que le responden.

Hábitos saludables: la batalla contra el tabaco se combate en múltiples frentes, también mediante la aplicación de hábitos higiénicos adecuados. Los sentidos más alterados en las personas que fuman son el gusto y el olfato. Es conveniente recuperar la confianza en la propia salud comenzando por los órganos que alojan estos sentidos: la boca y la nariz. Con la boca habla, besa, sonríe, se comunica con las personas. A través de la boca su cuerpo se nutre y sobrevive. Los sabores y los aromas (moléculas olorosas que se liberan durante la masticación) orientan sus preferencias alimentarias y estimulan el apetito. Por la nariz discrimina en el entorno miles de olores y perfumes. Gusto y olfato funcionan a menudo conjuntamente, son sentidos de reconocimiento y de protección (un gusto o un olor desagradables son signos de alarma importantes para la vida). Quizá por este motivo están estrechamente vinculados con nuestros centros emocionales. Cuide con atención su boca y su aliento. Lávese con frecuencia los dientes, enjuáguese diariamente con infusiones apropiadas, utilice alimentos refrescantes. Un aliento fresco y limpio es un estímulo positivo tanto para usted como para quien le rodea. Preste atención también a su nariz. Evite espirar el humo por la misma. Después de cada cigarrillo acostúmbrese a sonarse. Efectúe con frecuencia lavados nasales (simplemente con agua ligeramente salada), intente evitar el olor a tabaco. Este impregna fácilmente su ropa en los locales poco aireados o en el coche: además de alterar el olfato, despierta continuamente la necesidad de fumar. También por este motivo lávese a menudo las manos: son las primeras y últimas partes del cuerpo que están en contacto con su enemigo y con su olor.

Gimnasia mental: deje que su atención se pose sobre todas las flores rojas que vea casualmente (en casa, en el jardín, en las fotografías...). Elija de esta colección casual la flor roja más atractiva e intente visualizarla mentalmente. Cada vez que encienda un cigarrillo visualícela durante algunos instantes. Repita este ejercicio sólo durante la primera etapa. Bastan simplemente unos segundos, como máximo, para que la imagen sea clara y definitiva. Obviamente no ejecute estos ejercicios mientras esté conduciendo o haciendo trabajos peligrosos (en ambas situaciones, por otra parte, sería conveniente no fumar).

Relación con el tabaco: durante todo el tiempo que dedique a esta etapa no reprima nunca su deseo, continúe fumando como ha hecho siempre. Con una excepción: si tiene la costumbre de fumar antes de dormir, no lo haga más. El tabaco no facilita el sueño, lo hace menos reparador y, sobre todo, se acumulan peligrosos excesos de monóxido de carbono en los pulmones (mientras duerme el ritmo respiratorio disminuye en número y amplitud, por lo que el intercambio de aire en el interior de los pulmones se reduce). ¡No cierre nunca los ojos con el olor a tabaco todavía en la nariz y con su imagen aún viva en la mente!

SEGUNDA ETAPA: el problema

Nadie es más esclavo que quien se considera libre sin serlo.

(J. W. Goethe)

⟩ Punto de partida: la oveja descarriada

La oveja descarriada comenzó a fumar muy pronto, cuando todavía era un muchacho. Hoy, tras cincuenta años ininterrumpidos de tabaco, muestra los signos indelebles de su dependencia. Hace algún tiempo le extirparon un pulmón debido al cáncer y recientemente ha tenido un infarto bastante grave. A pesar de ello continúa fumando impertérrito. En realidad hizo algún intento para dejarlo, bajo la insistente presión de los médicos que lo trataron. En el último de ellos ha logrado reducir a la mitad su consumo diario de cigarrillos: «Ahora fumo sólo quince, menos que esto no puedo». La oveja descarriada ha llegado a esta restricción no tanto por sus enfermedades ni por los consejos de los médicos, sino por los continuos lamentos de su mujer, que no sabe qué hacer para quitarle la venda de los ojos. «Por otra parte, ella tiene razón porque toda mi ropa apesta a tabaco»; esta es su cruda realidad...

En la dependencia del tabaco es fácil perder la capacidad crítica respecto a las propias condiciones. Pensamientos y emociones están tan trastornados que dificultan la toma de conciencia, pero únicamente reconociendo en el tabaco un problema se puede iniciar el cambio.

ⅢⅢ➡ Primer paso: analice su dependencia

¿CÓMO FUNCIONA LA TRAMPA?

Muchas personas que viven durante años dependientes del tabaco no creen tener un problema. Pueden ser personas inteligentes e informadas pero, hasta que no advierten algún malestar en lo que hacen, no sienten la necesidad de cambiar. Viven con la ilusión de sentirse bien. El anhelo de fumar se introduce como un parásito en la mente alterando no sólo el normal comportamiento, sino también la imagen que se tiene de uno mismo. En este nuevo retrato el tabaco se contempla de forma positiva, se convierte en algo estrechamente personal que da a la propia identidad un carácter especial. El tabaco no se considera algo extraño o tóxico», sino parte integrante de uno mismo, que da valor a la propia imagen. Admitir que el tabaco es un problema significa poner en discusión esta representación satisfactoria. Supone someter a examen un aspecto considerado admirable en el modo de mostrarse a los demás; no es fácil. Salud, educación y prohibiciones, todas ellas pueden pasar fácilmente a un segundo plano y, lo que resulta aún más increíble, incluso cuando el daño es manifiesto se evita reconocer el problema.

La culpa se atribuye a todo excepto a la propia debilidad. Espontáneamente nos preguntamos: ¿por qué la gente continúa fumando a pesar de los daños y riesgos que afronta? ¿Por qué continúa fumando a pesar de que esto constituya un motivo de desaprobación social?

Existen dos casos: o es imposible dejar de fumar o no se es consciente de la situación en que se encuentra.

> ● **¡La primera cosa que debe hacer para salir de la trampa es darse cuenta de que está atrapado!** ●

Este es el auténtico punto crítico: si no percibe su dependencia como un engaño o una insidia, continuará conviviendo con ella siempre. Reconocer que tiene un problema es el primer paso para intentar resolverlo. Si sabe que tiene una bomba bajo la cama, no conseguirá dormir tranquilo. Para dejar de fumar en primer lugar debe considerar el tabaco como un problema, como una bomba que puede estallar en cualquier momento.

Sólo de este modo su mente puede estar preparada para afrontar la situación como debe.

El estado de alerta activa sus mecanismos de defensa y le estimula a encontrar una solución. El término *problema* en su antiguo significado de «poner delante» corresponde a un asunto importante que debe tenerse siempre presente: una cuestión de tal magnitud que impide avanzar. Es el término más adecuado para esta peligrosa trampa tendida no sólo por una droga oculta como el cigarrillo, sino también por sus pensamientos y emociones. Existe un gran componente individual en este engaño mental, y el primero que cae es precisamente el propio equilibrio. Este tiende a mantener la armonía interior entre pensamiento y acción. Si piensa que el tabaco es perjudicial y a pesar de ello sigue fumando, su armonía interior se resquebraja. Ahora es cuando se activa la trampa: para mantenerse a flote, el equilibrio elimina sus dudas, modifica sus sentimientos y adapta la conciencia mediante algún compromiso. De este modo nacen tantas falsas creencias sobre el tabaco, que por una parte alivian el problema y por otra impiden tomar conciencia de manera correcta. Analice atentamente las siguientes justificaciones, quizá no le resulten del todo extrañas.

ME GUSTA FUMAR

Esta es la expresión más patológica. Se basa más en una convicción que en un hecho. Justificar con el placer este comportamiento puede ofrecer algún atenuante, pero ¿está seguro de que el tabaco es un placer auténtico? Intente pensar en la primera vez, hace ya mucho tiempo, que introdujo el humo en sus pulmones: ¿fue agradable?

El placer es una sensación que el cerebro produce en respuesta a determinados estímulos. Pero ¿cuál es el estímulo en este caso, el tabaco o el acto de fumar? Si lo pensamos, no es exactamente lo mismo.

El humo del tabaco lo forman un conjunto de sustancias tóxicas que penetran en los pulmones y de ahí pasan a la sangre. Una de estas sustancias, la nicotina, llega más tarde al cerebro y desencadena el placer. En realidad la nicotina produce por sí misma una reducida sensación gratificante mediante la estimulación directa del centro del placer (situado en la base del cerebro, en el núcleo accumbens), mientras que quizás es más importante su acción estimulante sobre otros centros nerviosos. La nicotina eleva el estado de ánimo y bajo su efecto nos sentimos más despiertos y capaces de afrontar nuestras obligaciones. Esto produce, sin duda, un aumento de la percepción subjetiva de placer, pero tampoco basta para justificar la gran dependencia que puede ocasionar esta sustancia. El placer de fumar es algo diferente al inducido por otras drogas; no está vinculado únicamente con la sustancia introducida. Lo prueba el hecho de que diversas personas desarrollan dependencia de los cigarrillos sin aspirar el humo. Para que la nicotina pueda llegar al cerebro es indispensable que actúe primero sobre los pulmones, dado que la absorción de esta sustancia en la mucosa oral es insignificante (a menos que el tabaco se mastique o se fume en pipa). A veces se comprueban dependencias de grado elevado encendiendo un par de cigarrillos al día sin llegar a aspirar una sola bocanada de humo. Estas formas de exclusiva dependencia psicológica, es decir, sin la intervención de la nicotina, pueden demostrarse mediante exámenes de laboratorio. El análisis del monóxido (un simple examen computarizado del aire espirado) puede valorar la cantidad de monóxido de carbono presente en los pulmones. En general, quien no aspira el humo muestra unos resultados sólo algo superiores a la media, al contrario de lo que sucede con quienes lo aspiran, que alcanzan niveles muy superiores. Es aún más específica la identificación en la orina de la cotonina (un metabolito de la nicotina). En aquellas personas que no aspiran la concentración de la cotonina en la orina es inexistente o muy inferior respecto a la de aquellos que aspiran el humo. Por tanto, es evidente que el placer del tabaco no se relaciona únicamente con la nicotina, sino también con componentes psicológicos significativos. Tener el cigarrillo entre los labios de alguna manera produce placer: «Me gusta fumar porque me gusta ser fumador». El placer se encuentra en la propia imagen, de un modo similar a Narciso, que encontraba placer en ver su propia imagen reflejada en el agua del río. La auténtica droga es la imagen de sí mismo asociada al cigarrillo. Este placer psicológico se fundamenta seguramente en la sugestión, la comunicación que se produce de forma inconsciente entre las personas. En la relación con los demás actúan a menudo mecanismos de identificación vinculados al placer: «Le gusta una persona, a aquella persona le gusta el tabaco, a usted le gusta el tabaco». Se trata, en realidad, de un tipo de gratificación complejo, relacionado con variables no fácilmente identificables, en el que se superponen también las numerosísimas representaciones sociales conectadas con el tabaco. Desde el punto de vista simbólico, este ha representado durante años el éxito, la eficiencia, el prestigio, el valor, la emancipación, el sentido de pertenencia, la libertad, la desenvoltura, la fascinación de la transgresión... Todos ellos elementos que continúan haciendo especialmente deseable la imagen de quien fuma y ofrecen razones para el tenaz apego que puede desarrollarse hacia la misma. Sin embargo, conviene subrayar un aspecto: la imagen vinculada al tabaco es tanto más incitante y gratificante cuanto más reducida e insatisfactoria es la imagen de uno mismo.

FUMAR ME RELAJA

Esta justificación sólo es cierta en apariencia y refleja una escasa conciencia de la propia dependencia. La búsqueda de un efecto benéfico concreto como la relajación puede llevar a aceptar el tabaco y a considerarlo como algo útil. El ritmo de vida reclama a menudo momentos de evasión y el tabaco se ha utilizado para romper la rutina. El hábito de recurrir al cigarrillo en las pausas de estudio o trabajo, durante situaciones de estrés o de tensión, no hace más que reafirmar esta presunta propiedad. Sin embargo, se trata de una presunción científicamente inexacta por cuanto la nicotina excita y no relaja. ¿Cómo se explica entonces esta sensación de desahogo?

La nicotina actúa sobre el cerebro provocando una adaptación, la dependencia, que se traduce en la necesidad de aportar continuamente la misma sustancia. En otras palabras, la nicotina se comporta como una auténtica droga. Incluso pocos cigarrillos son capaces de iniciar una dependencia. Se calcula que la nicotina, después de penetrar en los pulmones, llega al cerebro en algunas décimas de segundo. Alcanza el nivel máximo de concentración en sangre tras seis minutos y se mantiene durante treinta, tiempo tras el cual comienza a ser gradualmente eliminada. Cuando la concentración en el tejido nervioso disminuye por debajo de determinado nivel, aparece una molesta sensación de nerviosismo (crisis de abstinencia) que cesa únicamente al volver a fumar. Cuando se fuma un nuevo cigarrillo el nerviosismo desaparece de inmediato y se tiene una sensación subjetiva de relajación. En la práctica, no obstante, sólo se ha corregido la falta de nicotina.

FUMAR ME AYUDA

Esta afirmación en parte es cierta. En este caso, la dependencia del tabaco no es considerada un fin en sí mismo, sino un medio para mejorar la calidad de vida. Es el caso de los individuos que encuentran en el tabaco un medio para potenciar algunas capacidades, como la atención y la concentración, que creen necesitar especialmente en el estudio y en el trabajo. Se ha reconocido el efecto estimulante de la nicotina sobre el área cerebral destinada al control del estado de alerta y vigilia, que se traduce en una mejora de las funciones cognitivas, de la capacidad de concentración y del rendimiento intelectual. Pero el precio que debe pagarse por esta «ayuda» no es poco. En el tabaco no hay sólo nicotina. Entre muchas otras sustancias tóxicas, se encuentra el *monóxido de carbono*, un gas que tiene la particularidad de competir con el oxígeno para unirse a la hemoglobina, proteína presente en los glóbulos rojos y encargada de transportar el oxígeno a todos los tejidos del cuerpo. El oxígeno es un componente fundamental para la vida celular y cuando comienza a escasear en la sangre todas las células del organismo sufren (se habla de hipoxia, que significa precisamente «carencia de oxígeno»). Las células viven mal con poco oxígeno, son poco eficientes y, si tienen alguna predisposición a enfermar, lo hacen antes de tiempo. Inicialmente el organismo intenta proteger de la hipoxia sobre todo al cerebro, el órgano más noble, pero pasado el tiempo la reducción del aporte de oxígeno se deja sentir incluso aquí. Las neuronas pierden eficiencia, se hacen más vulnerables y lo que se gana desde el punto de vista funcional mediante la estimulación nicotínica se pierde, de hecho, por esta otra vía. No es raro que estos fumadores intenten mantener alterado el propio equilibrio mediante el continuo aumento del número de cigarrillos fumados. Este fenómeno, denominado *tolerancia*, está en la base del desarrollo de fuertes dependencias, que finalizan haciendo pagar un precio muy alto, mucho mayor que la ayuda ofrecida inicialmente.

En otras situaciones se busca en el tabaco un apoyo para superar momentos difíciles como la angustia, la tristeza o la soledad.

En estos casos la ayuda es más de tipo psicológico, aunque, más que de una verdadera ayuda, debería hablarse de una distracción. Si padece por la soledad, el cigarrillo no le podrá dar la compañía que busca; si siente tristeza, difícilmente encontrará el buen humor en alguna bocanada de humo. Es necesario que encuentre otra solución.

ES MÁS FUERTE QUE YO

Posiblemente se trata de la expresión más aceptable, pero, aun siendo cierta, puede ocultar alguna ambigüedad. Un cigarrillo crea un condicionamiento que anula la voluntad del individuo y lo hace débil, incapaz de resistir. Por el modo en que se origina y por las características que más tarde presenta, la dependencia del tabaco puede definirse como una auténtica enfermedad del inconsciente. Admitir la incapacidad para resistir la necesidad de una sustancia significa reconocer que se tiene un problema. Sin embargo, a veces admitirlo constituye una coartada. Se carga la culpa en el tabaco: «Este es el elemento que causa la dependencia». Se sitúa el problema fuera de uno mismo, como si quien fumase fuese únicamente una víctima impotente. Se busca una excusa y al final se encuentra el compromiso ideal con uno mismo: «Es imposible resolver el problema; por tanto, continuaré fumando». Se admite el problema e inmediatamente se olvida. Es una forma como otra de hacer las paces con la conciencia y mantener un cierto equilibrio, pero el problema permanece. Si se siente una víctima del tabaco se arriesga a colocarse en una posición pasiva, cómoda, esperando una solución que quizá no llegue nunca.

¿CUÁL ES LA MAGNITUD DEL PROBLEMA?

Justificar el problema a menudo es una manera de no reconocerlo o de restarle gravedad inconscientemente. No existen atenuantes para el tabaco. Si quiere dejar de fumar, no debe proponer excusas para su comportamiento, debe comenzar a considerar la idea de manera adecuada. Fumar es un problema, esta es la realidad, cualquier otra definición que dé a su modo de actuar lo sitúa en el camino equivocado. Cada vez que admite esta debilidad afronta una incoherencia, perturba el delicado equilibrio que le permite seguir adelante: percibe finalmente que piensa de un modo y actúa de otro. Aunque no le parezca verdad, este es el paso más difícil que debe afrontar en esta batalla.

● **¡No huya de sus debilidades, afróntelas y se convertirán en su fuerza!** ●

Sólo tras haber cuestionado su modo de pensar puede modificar su comportamiento. Cuanto más consciente sea de tener un problema, más se reforzará su voluntad de encontrar una solución. Para reconocer sus puntos débiles y tomar las medidas adecuadas es necesario que aplique criterios objetivos de valoración. Por suerte estos no faltan. Existen varios grados de dependencia del tabaco; a continuación, exponemos los principales factores que debe tener en cuenta para valorar su situación.

◆ **El número de cigarrillos.** Este indicador no es demasiado preciso si se lee por sí solo. La gravedad de la dependencia no se determina solamente por el número de cigarrillos, sino también por la cantidad de humo aspirado y por la tasa de nicotina presente. Se considera leve un consumo diario inferior a 15 cigarrillos; medio, de entre 15 y 25 cigarrillos, y alto cuando supera los 25.

◆ **El tipo de cigarrillo.** No todos los cigarrillos son iguales. Pueden variar tanto en cantidad de nicotina, responsable de la dependencia, como de alquitrán, compuesto por diversas sustancias irritantes y cancerígenas. Estas sustancias presentes en el humo son numerosas y de dos tipos: volátiles (gaseosas) y no volátiles (corpusculares). Las que se encuentran en el alquitrán son únicamente las no volátiles y, por tanto, cuando se eligen cigarrillos light, que tienen un contenido en nicotina y alquitrán bajo, el riesgo de exposición a las sustancias irritantes y cancerígenas se reduce sólo parcialmente. Además, el contenido en monóxido de carbono, otro componente extremadamente nocivo del tabaco, no varía demasiado de un tipo de cigarrillo a otro (aunque el alquitrán pueda reducirse hasta el 50 %, el monóxido de carbono no puede disminuir más del 10-12 %). Desde el punto de vista de la capacidad de generar dependencia, sólo se contempla la nicotina: se considera bajo un contenido inferior a 0,6 mg, medio el comprendido entre 0,6 y 1 mg, y alto cuando supera 1 mg. Además, debe tenerse en cuenta que al cambiar a cigarrillos más ligeros se tiende a aspirar más veces, por lo que al final el contenido de nicotina introducido en los pulmones no varía tanto.

◆ **El modo de fumar.** Es muy diferente dependiendo del individuo. Como promedio un cigarrillo se fuma en unos 10 minutos con 8-10 caladas. Es importante el número de veces que el cigarrillo se aspira. De acuerdo con este valor, la aspiración puede ser nula, cuando no se traga el humo; parcial, cuando el humo no se aspira profundamente o se hace sólo de vez en cuando, y completa, cuando se realiza esta acción más de cinco veces por cigarrillo.

◆ **Los motivos para fumar.** Si lo que impulsa a fumar es principalmente un estado de ánimo especial (de tensión o de relajación), se atribuye a esta motivación un valor de grado I; en este caso, la necesidad de fumar está más controlada y muy relacionada con la situación del momento (en general, esta motivación se asocia a un número reducido de cigarrillos). En cambio, si fumar se convierte en un automatismo, de manera que no nos damos cuenta de que encendemos el cigarrillo, la motivación es de grado II; en este caso, la necesidad de fumar es poco controlable y se vincula con mecanismos psicológicos inconscientes. Por último, si se fuma preferentemente para aplacar la abstinencia, el nerviosismo debido a la disminución de la nicotina, se atribuye a la motivación un valor de grado III, y la necesidad de fumar está fuera de control: es la situación de quien se despierta por la noche para encender un cigarrillo o del que fuma incluso cuando está en la cama con fiebre.

Ⅲ➡ Segundo paso: desarrolle sus recursos

CONTROL DE LAS EMOCIONES

Tomar conciencia del problema es el primer paso para encaminarse hacia una solución. El segundo consiste en tener confianza en las capacidades propias. Si un problema puede resolverse, es decir, si alguien ha logrado resolverlo antes, debe afrontarlo con decisión.

Debe llegar al convencimiento de que usted también podrá hacerlo. A veces el único obstáculo para alcanzar el objetivo lo constituye la idea de no poder llegar. No debemos ser escépticos sobre nuestros recursos. Ciertamente, si el problema fuese irresoluble o muy difícil de poder alcanzar, admitirlo no sería alentador, pero por suerte no es el caso del tabaco. Existen soluciones para salir de esta trampa.

Muchas personas lo logran y no se trata de casos excepcionales o de fenómenos raros. Dejar de fumar, a diferencia de lo que se cree, no es especialmente difícil. Aunque requiere un cierto trabajo, todo el mundo tiene la capacidad para hacerlo, incluso usted, sólo debe creerlo.

Las convicciones son un estímulo formidable: una vez asumidas, no sólo favorecen la acción, sino que abren las puertas al mundo de las emociones, un mundo especialmente intrigante desde el punto de vista del comportamiento que nos será de gran utilidad para nuestro propósito.

Vale la pena conocerlo y convertirlo en un aliado.

● **Arranque las plantas salvajes de su jardín y deje que crezcan sólo las mejores flores.** ●

¿Cómo pueden las emociones ayudarle a resolver su problema? Las emociones son reacciones de tipo primitivo que permiten al organismo reaccionar rápidamente ante situaciones difíciles. Frente a exigencias que ponen en juego sus necesidades esenciales y sus deseos más profundos, antes de que la razón consiga elaborar una conducta más evolucionada, se activan estos mecanismos reactivos programados por el instinto. Se trata de planes de emergencia, de esquemas de comportamiento que en el curso de la evolución han permitido nuestra supervivencia. Frente a un peligro imprevisto, por ejemplo, si no interviniese una emoción como el miedo, que provoca un rápido cambio en el orden biopsíquico de nuestro organismo, no seríamos capaces de responder rápidamente.

No se puede vivir sin emociones. Ni siquiera sin las desagradables, como el miedo, la rabia, el disgusto o la tristeza, ni mucho menos sin las placenteras, como la alegría, el amor, la satisfacción o la sorpresa, por citar sólo las más comunes. Las emociones son la sal de nuestra existencia. «Nada grande se ha hecho en el mundo sin una gran pasión» (Georg Wilhelm Friederich Hegel).

Se trata, por otra parte, de respuestas de breve duración, que se agotan rápidamente una vez que ha desaparecido el estímulo que las ha generado. No debemos pensar que basta una simple emoción para dejar de fumar. No hay que confundir la emoción con la motivación. Esta última no es una reacción contingente, sino un impulso para actuar que resulta mucho más complejo y persistente, que no depende de un estímulo imprevisto. Para conseguir que las emociones le ayuden en su objetivo debe intentar hacerlas más duraderas y sobre todo más controlables, debe transformarlas en sentimientos. La repetición de una emoción genera un especial estado de ánimo denominado *sentimiento*. Si debe afrontar repetidamente una determinada situación que le suscita emociones negativas de desprecio, puede desarrollar hacia ella un sentimiento de odio, un estado de ánimo persistentemente hostil que le llevará a combatirla y a evitarla. Básicamente el sentimiento es un efecto de la emoción repetida, un efecto menos intenso que la simple emoción pero duradero en el tiempo.

Respecto a su problema, ¿cuáles serán los sentimientos más funcionales?

Esencialmente son dos: un sentimiento de odio hacia el tabaco y uno de confianza hacia usted, en su capacidad para lograr dejar de fumar. El miedo, en contra de lo que se cree, no es una emoción útil desde este punto de vista. Un sentimiento de miedo no puede durar mucho tiempo, a menudo se supera o se convierte en ansiedad, alteración de la psique que no favorece el cambio. Para llegar a odiar el tabaco el camino es sencillo: debe sentir emociones de rabia, disgusto y desprecio cada vez que fume.

Estas emociones pueden extraerse de la memoria y revivirse en el momento adecuado. Mientras fuma puede rememorar aquellos momentos de su vida en los que las ha sentido intensamente. Al mismo tiempo que asocia estos recuerdos al tabaco debe intentar recuperar físicamente la emoción, incluso con la expresión facial de disgusto (girando la cabeza, levantando el labio superior y arrugando la nariz), apretando fuerte un puño amenazador o con algún otro gesto corporal que acompañe este sentimiento. Así como las emociones pueden traducirse en actitudes corporales, también los gestos pueden influir sobre los contenidos mentales.

Al construir artificialmente este sentimiento recuerde que las emociones desagradables pueden repercutir negativamente en su estado de ánimo. Procure controlar atentamente esta descarga afectiva y focalizarla de manera exclusiva en el tabaco.

Seguramente le resultará más satisfactorio desarrollar un sentimiento de confianza en sus propias capacidades. Rememore las etapas más importantes de su vida en las que ha sentido confianza en sí mismo, en las que ha percibido una sensación de seguridad, en las que ha demostrado saber hacer determinadas cosas (en el campo intelectual, deportivo, laboral, sentimental...). Reviva estos momentos de satisfacción y de éxito. Intente penetrar en estos recuerdos. Sonría y muestre alegría como entonces: deje que su cuerpo recupere el entusiasmo de aquellos fantásticos momentos. De este modo reforzará su propia confianza: así como lo logró entonces, lo conseguirá ahora.

Controlar las emociones y construir los sentimientos es posiblemente uno de los mayores éxitos hacia los que puede dirigir su mente.

PENSAMIENTO POSITIVO

Otra vía que permite madurar sentimientos de confianza en uno mismo es la que se define mediante una actitud vital orientada exclusivamente al optimismo: el pensamiento positivo. Para superar la dependencia del tabaco puede aprovechar con buenos resultados un modo agradable de vivir y observar el mundo. Cada circunstancia, cada momento que pasa, cada persona de su entorno pueden mostrar aspectos positivos o negativos. Se trata de buscar lo mejor de cada situación. No sirve de nada remarcar, evidenciar y criticar continuamente lo que no funciona. ¿Por qué malvivir entre pensamientos nefastos y preocupaciones? Aprenda a valorar siempre el lado positivo de las cosas, porque esto repercutirá de manera extraordinaria sobre su existencia y su problema. El optimismo es la base del éxito y de una vida feliz. Si quiere sentirse siempre en plena forma y que le admiren quienes están cerca, debe convertir su cerebro en un receptáculo de pensamientos positivos: «Si introducimos en la mente ideas hermosas, saldrán ideas hermosas; si entra basura, saldrá basura». Impida de este modo que los problemas y las inevitables frustraciones de la vida condicionen sus emociones. Lo que determina cómo se siente no es tanto lo que le ocurre como el modo en que lo interpreta. No piense, como hacen muchos, que la felicidad y el optimismo sean regalos del destino: nada es más erróneo, es usted quien los determina. Quizás al principio le costará aplicar el pensamiento positivo, ya que debe cambiar su modo de actuar, pero más tarde lo hará sin dificultad. El pensamiento positivo hace crecer el optimismo y este, a su vez, favorece la reacción positiva ante cualquier hecho. Aquí reside, quizás, el auténtico secreto de la felicidad.

● ¡Diviértase hallando la belleza y su problema se transformará en una magnífica oportunidad! ●

A menudo se consideran los problemas como algo desagradable y, en realidad, lo son si nos detenemos en este punto. Se muestran como una molestia, una pérdida de tiempo, y a veces resultan incluso perjudiciales, como en el caso del tabaco. Es necesario ir algo más allá de su contenido y considerar la importancia del entrenamiento que suponen para la mente. Los problemas son para esta lo que el ejercicio físico para los músculos. Desarrollando la capacidad para resolver los pequeños problemas aprenderemos a afrontar otros mayores. Disfrutar desenredando el ovillo incrementa la confianza en uno mismo, consolida la autonomía y fortalece la autoestima. Paradójicamente cuantos más problemas encontremos en la vida, más ocasiones tendremos para mejorar. Desde este punto de vista, no hay que tener miedo ante las dificultades, no deben evitarse por miedo al fracaso, sino que deben vivirse como lecciones vitales, que siempre nos harán aprender algo. La mejor manera de acercarse a cualquier situación complicada es aceptarla como un estímulo positivo capaz de producir beneficio. Actuando de este modo las complicaciones se amortiguan y disminuye la ansiedad al afrontarlas. Esta es la filosofía del pensamiento positivo, que tiende a centrar siempre la atención en la mejor cara de la moneda. No se trata de renunciar por principios al sentido crítico, sino, por el contrario, de desarrollar la propia capacidad de lectura de las situaciones.

Discernir entre los mejores aspectos en que puede descomponerse una situación y concentrarse sólo en aquellos considerados mejores, más útiles o incluso sólo más aceptables, lleva a afrontar la misma con un estado de ánimo diferente, más sereno y confiado.

Quien piensa de manera positiva no olvida que también existe el lado negativo de las cosas, pero es consciente de que su comportamiento le ofrece más seguridad, no causa tensiones y al final resulta mucho más ventajoso. Esto es así porque los pensamientos no se apartan nunca de las emociones, cada uno de ellos influye con su propia carga emotiva en el estado de ánimo, así como cada emoción se refleja con contenidos propios en la construcción del pensamiento. Si piensa en unas buenas vacaciones, despertará sensaciones agradables y mejorará su buen humor, y viceversa, si por algún motivo se siente triste, desarrollará sólo pensamientos negativos y verá negro todo lo que le rodea.

Cuando por fin logre admitir y convencerse de que fumar es un problema, alégrese. Piense que tiene entre manos una gran ocasión, no sólo para eliminar una debilidad, sino también para desarrollar sus capacidades, para demostrar su valor, para mejorar su vida. La confianza que surge de este modo de pensar hará el resto.

⛓➡ Tercer paso:
utilice nuevas estrategias

EL BOSQUE MISTERIOSO

Prosiga el viaje a través de los símbolos y las metáforas. El mapa que está siguiendo le conduce a un bosque misterioso, un paisaje que aflora a menudo en los momentos difíciles. Lea con atención este cuento y revívalo después mentalmente con los ojos cerrados. Colóquese en el lugar del protagonista y deje que afloren las sensaciones y emociones.

Está caminando por un sendero difícil. Sabe que se dirige hacia la meta y que el triste lugar de donde procede se encuentra ya a sus espaldas...

El sendero finaliza al borde de un bosque, que seguramente representa algo importante para usted.

Es un bosque denso y tétrico, con plantas siniestras que llegan al cielo y un espeso matorral que dificulta el paso.

Está oscureciendo. Ha llegado la noche... De repente oye un balido lejano. Procede de las profundidades del bosque. Es la oveja descarriada... Algo le impulsa a atravesar el umbral de lo desconocido, a descubrir el significado de aquel balido...

Entra con temor en el bosque. No existen senderos ni rastros que seguir...

Avanza con paso incierto. El bosque se va haciendo cada vez más denso y la tenue luz de las estrellas parece a punto de apagarse. *Poco después, el silencio. No oye nada. No ve nada. La oscuridad completa le rodea. Oscuridad y silencio... Comienza a creer que se ha extraviado, como la oveja que está buscando. Pero enseguida escucha nuevamente su balido. Está cerca, muy cerca. Es un balido lastimero. Dirige la mirada hacia aquel lamento y una escena cruel aparece ante sus ojos en la oscuridad. La oveja descarriada está a punto de ser engullida por las arenas movedizas...*

Desearía hacer algo, pero no llega a tiempo. Todo sucede de manera rápida e imprevista. La oveja se hunde arrastrada hacia el interior de la tierra y usted no puede sino observar impotente. No siempre los cuentos tienen un final feliz...

En aquel preciso momento comienza a notar un peso en la espalda. La carga es cada vez más pesada...

Cerca del punto en el que la oveja descarriada se ha perdido para siempre se inicia un sendero. Un camino de piedras. Son de diferente forma y tamaño, quizá no están ahí por casualidad...

Echa a andar. Las piedras obstaculizan sus pasos y parecen incrementar el peso que transporta. Pero un deseo le impulsa: marcharse...

Cuanto más se aleja, más llevadera resulta la fatiga y el corazón se aligera. Las primeras luces del alba iluminan su camino...

Compruebe el significado

El *bosque*, en el imaginario colectivo, es un lugar de tránsito en el que suceden acontecimientos importantes. La *noche* que transcurre en el bosque simboliza la muerte y el renacimiento, sumergirse en las tinieblas y emerger hacia la luz. Durante este tránsito se produce la revelación de un problema desconocido: un peso comienza a sentirse. La *oveja descarriada* es usted mismo antes de percibir el problema, cuando se aleja del rebaño para recorrer caminos desconocidos. Las *arenas movedizas* representan las posibles consecuencias de este error. Las *piedras* son símbolos ambivalentes, tanto pueden tener un significado positivo (utilidad, solidez, seguridad) como negativo (dolor, fatiga, muerte). En este caso, le indican el camino para salir del bosque y le recuerdan continuamente su problema. La fatiga que siente se interpreta como algo beneficioso, indica que ha tomado conciencia de lo que le aflige y ha decidido encontrar una solución.

Algunos consejos

Diario: de acuerdo con los criterios descritos en esta etapa intente definir la gravedad de su dependencia y anótelo en el diario personal. Además registre cada día el número de cigarrillos que fuma.

Fórmula mágica: «Fumar es un problema, pero puedo resolverlo»: memorice esta frase y repítala mentalmente veinte veces muy despacio, intentando captar el sentido de las palabras; después repítala también mentalmente otras veinte veces pero esta vez con rapidez, sin pensar en el significado de las palabras (esta segunda parte del ejercicio es muy importante y debe realizarse correctamente). Puede repetir este ejercicio tantas veces como quiera.

Hábitos saludables: procure beber mucha agua, fuente de vida y de renovación. Nuestro cuerpo está formado principalmente por este elemento. Cuanta más agua beba, más estimulará la diuresis, facilitando de este modo la eliminación de la nicotina y de todas las sustancias tóxicas contenidas en el tabaco. Beber algún sorbo de vez en cuando también es una excelente manera de disminuir el deseo de fumar: elimina la necesidad inconsciente de introducir algo en la boca que sustituya el cigarrillo con la ventaja de no aumentar de peso.

Gimnasia mental: consiga una piedra pequeña, estúdiela minuciosamente, intente memorizar su forma y color. Aprenda después a visualizarla mentalmente. Cuando haya aprendido a verla con los ojos de la mente realice este ejercicio cada vez que fume durante esta etapa.

Relación con el tabaco: fume normalmente, como ha hecho siempre, a excepción del primer cigarrillo de la mañana, con el que debe comenzar a establecer una relación especial. Concentre su fuerza de voluntad únicamente a enfrentarse a este cigarrillo: intente resistir tanto como pueda el deseo de fumarlo. Hágalo de forma gradual. Establezca cada día un récord personal de resistencia e intente mejorarlo (se sentirá orgulloso). En esta prueba es importante no retroceder nunca, por lo que es mejor avanzar en pequeños pasos, incluso pocos minutos cada día serán suficientes. Sobre todo procure no exagerar durante los primeros días. Anote siempre en el diario los resultados obtenidos.

TERCERA ETAPA: motivación

> *Quien tiene un porqué para vivir,*
> *acabará encontrando el cómo.*
>
> (Nietzsche)

⇒ Punto de partida: la estatua parlante

La estatua parlante ha sido toda la vida una fumadora empedernida. Durante muchos años se ha sentido segura con el cigarrillo en la boca. Fumando ha conocido a muchas personas. Ha afrontado múltiples situaciones. Siempre se ha sentido a gusto y todos la reconocen como una persona sociable y simpática. Sin embargo, desde hace algún tiempo algo no va bien. En su trabajo como maestra se ha dado cuenta de que no es un buen ejemplo y cada vez que ve fumar a algún estudiante siente remordimientos. Al evitar fumar en la escuela, advierte su incoherencia. Su voz ronca no es la que tuvo antaño, denuncia en todo momento su vicio. La estatua parlante teme no haberse equivocado únicamente con sus estudiantes. También su hijo ha comenzado a fumar. Ha intentado hablar con él, pero quizás hablar no es suficiente. No puede pedirle que renuncie a algo que ella no es capaz de dejar. Cree que debe actuar y sabe que sólo hay un modo de resultar creíble: dejar de fumar. Así, tras tantos años con el cigarrillo esculpido entre los labios, emprende algo realmente importante y acaba con su incoherencia.

A menudo lo que impulsa a dejar de fumar, la motivación, surge del fondo del corazón. Desarrolle las estrategias que le permitan reforzar y mantener activo este maravilloso motor.

▶ Primer paso:
analice su dependencia

¿POR QUÉ QUIERE DEJARLO?

El éxito de cualquier esfuerzo depende de la motivación que lo impulsa, de su porqué. Lo que mueve el mundo, lo que determina los cambios en la vida, los éxitos y los fracasos son las motivaciones. También para dejar de fumar se necesita motivación, ¡y qué motivación! ¿Cuántas veces ha pensado en dejarlo, pero la mano se ha dirigido instintivamente hacia el paquete de cigarrillos? Le ha faltado motivación. Para vencer la dependencia del tabaco se necesita un gran estímulo para pasar a la acción. ¿Qué puede llevar a una persona hacia un cambio de estilo de vida tan costoso? Cada acción tiene seguramente su porqué, aunque a veces no es fácil reconocerlo. Cuando come, por ejemplo, el comportamiento puede explicarse por una necesidad bien definida, el hambre, pero no necesariamente es siempre así. A veces se come sin tener hambre, por un condicionamiento horario o por cualquier otro hábito, se puede comer por el placer de estar en compañía e incluso puede intervenir un especial estado emocional. Lo mismo puede decirse para quien quiere apartarse de la nicotina. En la construcción de una motivación como esta entran en juego diversos factores, algunos de los cuales pueden reconocerse fácilmente y otros no tanto. Pero una cosa es cierta: la dependencia del tabaco crea siempre una fuerte resistencia y el deseo de resolver el problema no es siempre igualmente intenso. He aquí por qué cuando comience a sentirlo debe hacer todo lo posible para no perderlo.

● **¡Oriente la vela en la dirección adecuada y el viento será su aliado!**

Es fundamental valorar las propias motivaciones, que pueden ser conscientes o inconscientes, y fuertes o débiles. Contraste las suyas con las motivaciones más comunes y descubra en qué medida se siente identificado.

Temo las enfermedades

Aunque se trata de un miedo fundamentado, es poco motivador. Las enfermedades estrechamente relacionadas con el tabaco son numerosas: el cáncer (de laringe y de pulmón, en primer lugar), el infarto cardiaco, enfermedades respiratorias como el enfisema pulmonar o la bronquitis crónica, enfermedades circulatorias como la hipertensión y la trombosis... Prácticamente todos los órganos del cuerpo están amenazados en tanto que se exponen a una reducción del aporte de oxígeno y a las numerosas sustancias tóxicas contenidas en el tabaco: además de la nicotina y el monóxido de carbono, se encuentran sustancias irritantes (ácido cianhídrico, formaldehído y amoniaco), cancerígenas (benzopireno e hidrocarburos aromáticos), oxidantes y radicales libres (capaces tanto de irritar las mucosas como de inducir mutaciones genéticas en el ADN y, por tanto, cáncer) y aditivos (sustancias aromatizantes no siempre inocuas, especialmente si se combinan entre ellas, añadidas durante la elaboración del tabaco para modificar el sabor y que mantienen celosamente en secreto las empresas productoras).

En la combustión del tabaco se liberan millares de sustancias tóxicas, un dato constatado, pero que parece no suscitar un gran efecto sobre los fumadores.

Lo mismo puede decirse de las cifras astronómicas (correctamente documentadas) de muertos y patologías asociadas al tabaco. Los grandes números parecen contradecir la apreciación individual de riesgo. No asustan, si es lo que se pretende con ello. ¿Por qué una expectativa de vida más corta (se sostiene que un fumador vive de media 10 años menos que un no fumador) no constituye un hecho disuasorio? ¿Por qué las advertencias amenazadoras incluidas en el paquete de cigarrillos no disuaden al fumador e incluso, en algunos casos, provocan el efecto contrario? La verdad es que el fumador no tiene miedo de los cigarrillos, sino de las enfermedades, pero estas se consideran un riesgo remoto. El miedo es una emoción reactiva que impulsa a la acción sólo cuando el peligro es inminente. Si se percibe un riesgo casi cierto pero no inmediato aparece la ansiedad. Se trata de una sensación de aprensión, muy perturbadora, que no impulsa a la fuga y, paradójicamente, beneficia al propio tabaco, que atenúa la tensión. De este modo, la evidencia del daño y los mensajes ansiógenos, al final, se traducen en un estímulo para encender el cigarrillo. Para utilizar el miedo como fuente de motivación sería necesario vincularlo directamente con el cigarrillo. No es fácil identificar en este un peligro real, como si pudiese morder o explotar en cualquier momento, pero sentir miedo en sentido estricto cada vez que se encendiese un cigarrillo seguramente sería descorazonador...

¿Tiene miedo del cigarrillo? ¿Por qué no intenta temerlo cada vez que lo tenga en la mano?

Me interesa la salud futura

Esta motivación parece muy próxima a la anterior en sustancia, pero en realidad es muy diferente. En este caso entra en juego un estímulo positivo muy atractivo tanto desde el punto de vista de la motivación como de la decisión: la aparición de un valor. Los valores constituyen referencias muy importantes en las que creer, y pueden marcar la vida y el futuro de una persona. La salud es uno de los más perjudicados en la historia del fumador. A menudo se descuida o retrocede hasta los niveles más bajos de la propia escala de valores. Esto es así no porque lo desee voluntariamente, sino porque subestima su significado. Entender la salud como la simple ausencia de enfermedad se concilia bastante bien con el hecho de fumar, en el que los daños evidentes se manifiestan únicamente después de mucho tiempo. El mismo comportamiento adquiere, en cambio, un valor diferente si se atribuye a la salud un significado de mejora, donde pasan a primer plano el respeto por uno mismo, el mantenimiento del equilibrio y la prevención... ¿Qué es para usted la salud?

Quiero dejarlo porque es caro

El coste de los cigarrillos es cada vez más elevado y puede incidir en gran medida sobre el presupuesto familiar, especialmente si el problema no afecta a una sola persona. El aspecto económico es, por tanto, una motivación que no debe infravalorarse. Pero, al igual que el miedo a la enfermedad, se trata de un arma de doble filo. En ocasiones es precisamente la estrechez económica la que impulsa a fumar. Con el cigarrillo en la boca nos sentimos al mismo nivel que quien puede permitirse el lujo de malgastar su dinero; es un modo como otro de consolarse y compensar la propia insatisfacción. En todo caso, el coste, o mejor el despilfarro, es una motivación poderosa que todos los fumadores deberían tener en cuenta, no sólo los menos acomodados.

Dejar de fumar significa un gran ahorro, tanto desde el punto de vista individual como colectivo. El coste no es sólo el del paquete de cigarrillos, sino también el gasto sanitario por el perjuicio a la salud, el del absentismo laboral, el que supone la pérdida de vidas humanas... ¿Cuánto cree que cuesta un enfermo de cáncer en términos de diagnóstico y tratamiento? ¿Cuánto puede costarle a una empresa la pérdida de un buen directivo o a un hijo la de su padre? ¿Cuántas mejoras sociales podrían realizarse si se redujera el tabaquismo?

Me animan a dejarlo

No es una motivación forzada como podría parecer. En realidad, si fuera el resultado de una obligación, no sería una auténtica motivación, por cuanto la libertad de elección es una de las características fundamentales que debe impulsar la decisión. Deben tenerse en cuenta otros componentes importantes. La eficacia de esta motivación depende en gran medida de quién está animando y de por qué lo está haciendo. Influye más un componente afectivo que uno autoritario. La capacidad para reconocer la propia debilidad y para escuchar hará el resto.

¿Qué importancia concede a los consejos de los demás? ¿Hay alguna persona que podría motivarle a dejarlo?

Creo que debería dejarlo

Se trata de una variante de la motivación anterior en la que entran en juego las relaciones. En este caso, sin embargo, el estímulo no proviene de los otros, sino de nuestra propia conciencia. A menudo la salud de los familiares preocupa más que la personal y exponer a los seres queridos a los daños del tabaco produce un profundo sentimiento de culpa. Esta es la motivación principal que impulsa a abandonar el hábito de fumar a las mujeres embarazadas.

En la actualidad pocas mujeres ignoran los efectos del tabaco sobre el feto.

Las sustancias tóxicas atraviesan la placenta y actúan sobre un organismo extremadamente vulnerable e indefenso. También la disminución del oxígeno en circulación puede repercutir en el feto y ayudar a la aparición de diversas disfunciones. El retraso en el crecimiento intrauterino, el nacimiento prematuro y bajo peso al nacer son los efectos más comunes y evidentes vinculados al tabaco durante la gestación.

El miedo a causar daños a los familiares o a las personas próximas ha ido convirtiéndose en uno de los principales motivos para dejar de fumar desde el momento en que se demostraron los efectos negativos del tabaco sobre el *fumador pasivo*, esto es, quien aspira involuntariamente el humo a pesar de no ser fumador.

Este humo procede de la lenta combustión del cigarrillo en el cenicero, así como del espirado por el fumador en el ambiente. Tal como se ha demostrado, puede causar las mismas enfermedades que el humo aspirado por el fumador activo, y esta circunstancia ayuda a que este adquiera conciencia de su responsabilidad.

En otras ocasiones el sentido del deber se relaciona con el miedo a enfermar gravemente dejando en dificultades a las personas que dependen del fumador, o por la necesidad de dar buen ejemplo. A los padres que fuman les resulta difícil impedir que sus hijos lo hagan; asimismo, puede resultar incoherente y poco ético profesionalmente que fume quien trabaja en el campo de la salud o de la educación.

¿Cree que su problema no se refleja negativamente en quienes le rodean? ¿Puede sentirse desligado de esta responsabilidad?

El tabaco ya no me satisface

Con el paso del tiempo muchas personas, aunque parezca mentira, desarrollan un cansancio de su hábito de fumar, no por un motivo determinado, sino por un conjunto de factores, más o menos importantes, que acaban por hacer insoportable la situación y deciden cambiar.

Hay quienes se cansan de la dependencia en sí misma, de la constricción continua a la que se ven sometidos, del hecho de que en muchos lugares no se pueda fumar, de la continua presión social. Comienzan a molestar los efectos secundarios del tabaco que antes ni siquiera se percibían: del olor de la boca al mal aliento, de la tos matutina a los dedos amarillentos, de la alteración del gusto y el olfato a la menor resistencia frente al esfuerzo. Comienza a tambalearse en sus mentes la imagen positiva del fumador: fuman por obligación, pero ya no les apetece.

¿En qué medida le satisface seguir fumando? ¿Cuánto tiempo piensa que podrá continuar?

¿QUÉ FACTORES INFLUYEN SOBRE LA MOTIVACIÓN?

El deseo de dejar de fumar y cambiar el modo de vida no surge de improviso. La información y la capacidad crítica constituyen elementos esenciales para valorar la situación, pero no bastan para crear una motivación. Mucho menos puede hacerlo una obligación externa: no se puede forzar a nadie a dejar de fumar. Cualquiera que sea el motivo, se desarrolla en su mundo de necesidades y deseos. Debe activarse en su interior. Qué da lugar a este impulso no siempre es evidente, pero hay algo cierto: una vez que la llama se ha encendido, debe valorarla correctamente, protegerla y avivarla. No deje que se apague.

● **¡Cuando la luz le muestre finalmente el camino, no cierre los ojos!**

Múltiples factores pueden condicionar la motivación, para bien y para mal. Conocerlos puede representar una importante ventaja.

Factores estimulantes

Entre los estímulos más importantes que pueden incrementar la motivación está el *ejemplo positivo*. Conocer a alguien que ha dejado de fumar le resultaría muy provechoso; podría informarle sobre cómo superar las dificultades y sobre los beneficios que ha logrado. Sin embargo, no cometa el error de imitar el método, no es esto lo que cuenta: lo que resulta útil para una persona puede no serlo para otra, cada cual tiene su ritmo. Intente profundizar en los motivos, este es el secreto.

Otra circunstancia favorable es *dejarlo junto a otros*. Si tiene la suerte de compartir esta experiencia, logrará hallar fácilmente nuevas motivaciones y afrontar el problema común mediante un intercambio continuo de consejos y de ánimos. Esto constituye un valor añadido que refuerza intensamente la motivación.

Los *acontecimientos felices* pueden actuar en este sentido. El nacimiento de un hijo, una casa nueva, un éxito profesional, todo lo que suscita un nuevo entusiasmo y mejora la calidad de vida le ayudará a romper la cadena que lo ata al tabaco. A veces incluso los hechos comunes que denotan un cambio, como las vacaciones, el cumpleaños o la llegada del año nuevo, pueden constituir un estímulo positivo.

La *aprobación social* también es un elemento que hace crecer la motivación. En la medida en que la opinión pública, las leyes y la cultura se posicionan en contra del tabaco aumenta el clima favorable para dejar de fumar. Junto a la progresiva restricción de los espacios y de la tolerancia hacia quien fuma, existe un creciente y gratificante aprecio hacia quien logra dejarlo. Este acto se reconoce cada vez más como un signo de responsabilidad y de gran fuerza de voluntad.

Factores adversos

Uno de los factores más negativos es la *proximidad a otros fumadores*. Vivir junto a personas que fuman puede hacer naufragar las mejores intenciones. La motivación se construye también mediante los ánimos externos, pero estos difícilmente procederán de quien sigue viendo en el tabaco una fuente de gratificación. Aún más, cabe esperar lo contrario de quien sufre al sentirse cada vez más solo en un barco que se hunde.

Otro factor crítico es la *escasa información sobre el tabaco*. Aunque el cigarrillo es a menudo el objeto con el que entra más veces en contacto durante el día (si fuma veinte cigarrillos diarios lo toca más de 7300 veces en un año), no tiene por qué conocerlo bien. Darse cuenta del problema en toda su dimensión y descubrir qué hay, en realidad, tras ese trozo de papel enrollado puede ser determinante para la formación de la motivación.

La falta de información se refleja también en la confianza en los propios medios. Cuando debe afrontarse algo que, aunque sólo sea en parte, resulta desconocido surgen fácilmente las *dudas sobre la propia capacidad*, y estas constituyen un ulterior elemento desmotivador, especialmente si ya se han producido fracasos con anterioridad. La sensación de no poder lograrlo es típica de las personas con una baja autoestima. Es difícil lograr una buena motivación si el tabaco ayuda a crear una imagen más satisfactoria de uno mismo. En cualquier caso, tenga confianza, no se necesitan dotes excepcionales para dejar de fumar. Con esta decisión puede demostrar a todos, incluido usted mismo, que es capaz de afrontar sus batallas. Este es, sin duda, el mejor modo para reconquistarse.

Entre los obstáculos que encuentra la motivación se halla el clásico *pesimismo*. Todos atravesamos momentos difíciles en los que predominan el mal humor y la tensión. En estas circunstancias es difícil cultivar buenos propósitos, tanto más cuando esas son las condiciones que alimentan la necesidad de fumar. Cuando la situación crítica se prolonga en el tiempo y los problemas no se resuelven, ni siquiera con el cigarrillo, percibimos que, en el fondo, este no sirve de gran ayuda. Si por casualidad está atravesando periodos difíciles no renuncie por ello a la idea de dejarlo: este pensamiento podría representar lo único bueno en este momento desfavorable.

Por último, debe considerarse la *variable tiempo*. El deseo de dejar de fumar no dura nunca demasiado. Surge espontáneamente durante breves periodos. Cuando la llama se ha encendido no es necesario esperar a que se apague para convencerse sobre lo que debería hacer. No se preocupe de cómo se producirá su separación del cigarrillo o de qué ocurrirá después, lo único importante es que mantenga vivo su porqué. ¡Cuanto más tiempo pasa, mayor es el riesgo de permanecer en la oscuridad!

⟶ Segundo paso: desarrolle sus recursos

LOS MENSAJES DEL INCONSCIENTE

El paso obligado para romper la cadena con el tabaco es la construcción de una motivación adecuada. Sin este poderoso impulso interior es prácticamente imposible dejar de fumar. Por otra parte, la activación de este extraordinario motor depende sólo en parte de su voluntad. A veces las circunstancias de la vida pueden colocarle en el buen camino, pero si la suerte no le ayuda, ¿qué puede hacer usted para construir y reforzar su motivación? Conocer un poco mejor cómo funciona su inconsciente puede resultarle útil. Algunos mensajes que surgen de su interior son recursos increíblemente útiles si los percibe como tales. El inconsciente es un almacén repleto de motivaciones, y cada una de ellas anima un acto en particular. Entre las capacidades de este extraordinario director del comportamiento se encuentra la de permitir acciones simultáneas (por ejemplo, algo que no debería hacerse nunca, conducir y fumar al mismo tiempo); normalmente algunas acciones tienen preferencia sobre otras. ¿Qué reglas dirigen el tráfico de estas acciones? ¿Tendrá preferencia su motivación de fumar o la de dejarlo? El delicado sistema de reglas que rigen el inconsciente es el de necesidades. El acto de fumar se relaciona con una necesidad anómala que no está escrita en el código genético, mientras que la acción de abandonarlo se vincula con uno de los deseos más antiguos de la humanidad: la necesidad de mejorar. Existe una línea evolutiva que guía las transformaciones biológicas, psicológicas y sociales: la vida es una continua adaptación. ¡No se nace para permanecer en la cuna!

● **¡Déjese seducir por el atractivo de la novedad!**

80

Sus necesidades son estímulos muy intensos de la motivación y, de acuerdo con la importancia que tienen para la supervivencia, se pueden agrupar en tres niveles:

◆ **Nivel 1:** necesidades fisiológicas (comer, beber, dormir, respirar, deseo sexual).

◆ **Nivel 2:** necesidades psicológicas (seguridad, protección, amor...).

◆ **Nivel 3:** necesidades sociales (reconocimiento, realización, cambio...).

Cada una de estas necesidades es capaz de motivar determinadas acciones. En el cerebro existe un centro de gratificación que premia con sensaciones agradables la satisfacción de necesidades y castiga, si esta no se produce, con sensaciones de incomodidad y malestar. Condición indispensable para lograr satisfacer las demandas situadas en el nivel superior es que, en primer lugar, se hayan satisfecho las situadas en los inferiores. Antes de alcanzar las exigencias sociales es necesario que se satisfagan las psicológicas y, antes que estas, las fisiológicas. En el sistema de necesidades existen, por tanto, prioridades que dictan leyes, pero ¿quién controla todo esto? Se trata del inconsciente, nuestra parte más profunda.

En la mente existen dos registros fundamentales en los que se encuentran codificadas las reglas del comportamiento. El primero está controlado por la razón, y el segundo, por el inconsciente. En este último nacen las necesidades y las motivaciones que impulsan a satisfacerlas. En esta increíble cabina de mando se reúnen todos los contenidos psíquicos no presentes en el estado consciente: los recuerdos de experiencias pasadas, las vivencias emocionales, los sueños y los instintos. El tabaco es una necesidad anómala que se inserta furtivamente en el primer nivel, junto a las necesidades fisiológicas (las más importantes para la vida), mientras que dejar de fumar es un deseo de mejora que se sitúa entre las necesidades sociales, en un nivel menos importante en la jerarquía de prioridades. En otras palabras, la motivación para fumar tiene preferencia respecto a la de dejarlo. Visto así, la batalla parece perdida desde el primer momento, sin embargo... la mente humana es una de las principales maravillas del universo: cuando la incoherencia en el sistema de necesidades se acentúa, el inconsciente activa una válvula de seguridad que anula las prioridades. Las necesidades incoherentes se sitúan en un mismo nivel y durante un breve periodo no predomina ninguna de ellas: «¿Continúo fumando o lo dejo?».

Este dilema, que probablemente habrá aflorado en usted alguna vez, surge cada cierto tiempo en los fumadores y es la manifestación consciente del conflicto que ha surgido en su seno. La idea de dejar de fumar se hace más aceptable, adquiere tonos atractivos, no resulta desagradable. Existe un sentimiento positivo en estado embrionario que mantiene esta idea, una incipiente emoción capaz de influir en el pensamiento pero todavía no en el comportamiento. No es fácil abrir brechas en el muro de la dependencia, y la mayor parte de las veces la idea de cambio desaparece pronto y se devuelve al inconsciente. Sucede así si no interviene algún hecho nuevo, alguna circunstancia favorable, que la mantenga en la superficie. En ese caso las cosas pueden desarrollarse de manera diferente. Cuando aflore esta señal intente aprovechar el momento propicio, no lo deje pasar. Cultive este sentimiento, refuércelo con el deseo de un nuevo futuro, de un nuevo estilo, de un nuevo placer... y el germen de la motivación podrá finalmente dar fruto.

AUTOSUGESTIÓN

Para ayudar al crecimiento de la motivación es muy útil aprender a comunicar con el propio inconsciente. Existen diversos métodos para hacerlo. Ya hemos visto algunos muy eficaces, pero existe otro en el que vale la pena que profundicemos: la autosugestión. No resulta difícil dominar esta técnica, pero es importante comprender bien su funcionamiento.

El tabaco es una falsa necesidad que se ha asentado impropiamente en el conjunto de sus necesidades. ¿Cómo pudo suceder esto? Normalmente la razón actúa como filtro frente a los estímulos que proceden del mundo exterior e impide la instauración de necesidades anómalas. Mediante la *sugestión*, sin embargo, esta barrera puede ser superada. La sugestión es un mensaje especial capaz de influir sobre el comportamiento. Penetra directamente en el inconsciente sin pasar el control de la razón. Se caracteriza principalmente por disponer de elementos de distracción que confunden a la conciencia. ¿Qué mensajes alcanzan su inconsciente cuando ve fumar a una persona a la que admira? Los elementos de distracción son que le gusta aquella persona y que a ella le gusta el tabaco, y el mensaje que se transmite es que a usted le agrada fumar. Este es un ejemplo de sugestión involuntaria inducida por otros.

Las sugestiones también pueden ser inducidas por otros voluntariamente (es el caso claro de la hipnosis) o incluso pueden ser autoinducidas; estas últimas se denominan *autosugestiones* y pueden tener una increíble influencia sobre el comportamiento.

● **¡No retrase el inicio de su nuevo diálogo interior!**

La autosugestión es el uso intencionado de sugestiones sobre uno mismo. En realidad también por medio de la visualización y el pensamiento positivo se desarrollan autosugestiones, pero estas son la consecuencia de otros procesos mentales: la elaboración de una imagen y la construcción de un pensamiento. En la técnica de la autosugestión existe el deseo deliberado de engañarse uno mismo. Todo depende de las palabras. Estas pueden tener un poder que va mucho más allá de su significado literal. El sonido que producen, el tono y la velocidad a la que se pronuncian, la carga emotiva que transmiten, la repetición y el contexto en el que se utilizan son factores que contribuyen a este poder metalingüístico: «[...] la palabra, tienes que saberlo, es un ser vivo» (Víctor Hugo). Las palabras pueden determinar la salud o la enfermedad, pueden influir sobre el estado de ánimo o sobre una decisión, pueden cambiar el comportamiento. Si su lenguaje interior es debilitador y se dirige continuamente expresiones como «Soy una ruina», «Soy un fracasado», «Esto sólo me pasa a mí», no hace sino autosugestionarse sin quererlo y su comportamiento se verá influido de manera negativa. Si, por el contrario, en su diálogo interior utiliza expresiones que lo valoren, como «Consigo lo que quiero», «Puedo lograrlo», «Todos me admiran», sus acciones se verán condicionadas positivamente. Dirigirse de manera repetida mensajes de optimismo con convicción puede obrar milagros.

La técnica de la autosugestión se basa sustancialmente en un cuidadoso estudio del propio lenguaje interior. Así como la sugestión del tabaco ha alterado su inconsciente generando una necesidad anómala, también puede recurrir a la autosugestión para eliminar este condicionamiento negativo. Es muy importante elegir las expresiones adecuadas. Al elaborar la autosugestión, la elección correcta de los términos puede acelerar la mejora, mientras que una selección errónea puede retrasarla.

Si una persona le pregunta «¿Cómo está?» y usted responde «No estoy mal» o «Estoy bien», aparentemente dice lo mismo, pero desde el punto de vista de las palabras que utiliza existe una gran diferencia. Para aplicar correctamente la técnica de la autosugestión no sólo debe prestar atención a las palabras, sino que también debe implicarse en primera persona, es decir, plantear afirmaciones en las que sea protagonista. No basta con decir «Es bueno dejar de fumar», sino que es preferible utilizar expresiones como: «Lo mejor que puedo hacer es dejar de fumar»,

«Puedo lograr dejar de fumar», «Prefiero dejar de fumar y lograr una nueva vida», «Cuando deje de fumar descubriré algo extraordinario». También puede crear una autosugestión personal. Al formularla intente asociar las acciones que desea obtener (dejar de fumar) con palabras positivas que denoten éxito, premio o descubrimiento. Al referirse a la acción que está llevando a cabo puede utilizar metáforas como salir de la trampa o romper las cadenas. Metáfora significa «transferencia», se trata de una palabra con un significado transferido, que quiere indicar otro. La ventaja derivada de su uso consiste en añadir a un concepto nuevos significados y, en consecuencia, nuevas emociones. Seguramente salir de la trampa es una acción más deseable para quien ha fumado toda la vida que no un simple dejar de fumar. El inconsciente es muy sensible a este instrumento lingüístico en el que se combinan diferentes significados: la metáfora es el elemento ideal de distracción. No titubee al emitir estas afirmaciones. No dude. Utilice siempre un tono adecuado; en el tono se manifiesta su convicción y su entusiasmo: en el fondo se está animando y motivando, ¿por qué no hacerlo con algo de pasión? También la repetición continua puede ayudarle. Es especialmente útil la repetición rápida puesto que los estímulos subliminales superan con más facilidad el control de la razón.

Preste atención, sin embargo, a las negaciones: si, por ejemplo, repite muchas veces la frase «No quiero fumar», puede obtener el efecto contrario. Frente a una negación el inconsciente recibe, en primer lugar, la imagen de una afirmación y, por tanto, puede regular los actos en función de esta. Veamos un ejemplo para aclarar este concepto. Si se le pide que no piense en un burro que vuela, la primera cosa que vendrá a su mente es la imagen de un burro volador. Para negar algo primero debe tomarlo en consideración. La negación «No quiero fumar» es una autosugestión ambigua, porque despierta en primer lugar el deseo de fumar. Hable con su inconsciente de manera afirmativa. Evite expresiones dubitativas. No diga «Si dejo de fumar...», «Quizá dejo de fumar...». En el *si* y en el *quizá* no existen garantías, sus expectativas podrían no realizarse. Es mejor utilizar expresiones más decididas, como «Cuando deje de fumar». En el *cuando* se presupone un resultado positivo, pasado el tiempo el hecho sucederá. Mientras se familiariza con la técnica de la autosugestión aprenda también a prestar atención a su lenguaje. A veces puede autosugestionarse negativamente sin quererlo. En las conversaciones con amigos y conocidos no bromee con expresiones como «Me gusta demasiado fumar» o «No lo conseguiré nunca». Haga desaparecer de su vocabulario las palabras *difícil, imposible, no puedo*. No ironice nunca sobre su situación, no juegue con las palabras. Al contrario del pensamiento, que a veces escapa de su control, las palabras que salen de la boca dependen siempre de su voluntad.

El inconsciente debe tomarse muy en serio, está siempre despierto y atento incluso a los detalles más pequeños. Ahora dispone de todos los instrumentos que le servirán para establecer una relación de confianza positiva con este poderoso interlocutor. No lo tema, forma parte de usted. Conozca sus reglas y le ayudará.

⑩➡ Tercer paso: utilice nuevas estrategias

LA BARRERA INVISIBLE

El sorprendente viaje por su imaginario se detiene en esta ocasión frente a una barrera invisible. ¿Cuántas veces en la vida interrumpimos proyectos y actos frente a obstáculos que no existen?

Lea con atención este cuento y revívalo después mentalmente con los ojos cerrados. Colóquese en el lugar del protagonista.

Está avanzando por su camino. Su paso es lento y pesado. Siente una gran carga sobre sus hombros. Sin embargo, una idea alivia su fatiga y le da fuerzas para continuar: se está aproximando a la meta...

Ha atravesado lugares tristes y oscuros, pero ahora el camino que tiene delante está cambiando, se hace más llevadero. Las piedras que obstaculizan la marcha disminuyen continuamente. A lo lejos aparecen alegres y luminosos paisajes. Pero de manera imprevista la marcha se detiene frente a una barrera invisible. Algo se cruza en el camino y le impide seguir adelante. Observa que el sendero mejora y desearía recorrerlo, pero no puede avanzar.

Existe un obstáculo insuperable frente a usted. No puede rodearlo, no puede superarlo, no puede verlo. Es un muro sin ladrillos, sin inicio ni fin, sin sentido...

Mientras se pregunta por qué el camino ha acabado allí, escucha una voz que le llama. Se gira y con gran sorpresa ve una estatua con sus mismos rasgos. Ha sido esculpida de manera extraordinaria a su imagen y semejanza. Es como si se mirase en un espejo. Sólo la boca es en algo diferente de la suya, sonríe. Es la estatua parlante, su estatua parlante. Le sorprenden sus labios vivos que se mueven. Labios que no emiten palabras, sino únicamente sonrisas. Primero una sonrisa amarga y más tarde una sonrisa dulce: sonrisas que dicen tanto... En silencio inicia un diálogo con la estatua. Comienza a comprender el significado de aquella barrera que se cruza en el camino. La niebla que había ofuscado sus pensamientos se está disipando. La barrera ha crecido con usted. Con el paso de los años usted mismo ha construido un muro inviolable que está formado por sus problemas y elecciones equivocadas. De este modo se convirtió en una estatua...

Compruebe el significado

La *barrera invisible* es un símbolo negativo. Se trata de un tipo de obstáculo artificial, construido a propósito para separar dos realidades diferentes. Más que una prueba que deba superarse, representa una renuncia a seguir adelante, una especie de clausura en el propio mundo. Quizá la protección frente a una realidad desconocida. Es esto lo que impide el movimiento, lo que obstaculiza el desarrollo de la adecuada motivación para cambiar el modo de vivir. En la invisibilidad de la barrera se manifiesta también su situación crítica en esta fase del trayecto: por un lado, el muro no se ve y aparentemente todo parece normal, pero, por otro, le permite mirar más allá, recibir los estímulos positivos del cambio (*alegres y luminosos paisajes*).

La *estatua parlante* contiene diferentes significados. En este símbolo se representa de otra manera su inmovilismo frente al problema. Pero existen también movimientos importantes: los *labios vivos* son signos positivos que proceden del mundo de las emociones y traducen tanto el conocimiento del problema (*sonrisa amarga*) como la confianza en el cambio (*sonrisa dulce*). La relación sin palabras con la estatua parlante representa el inicio de un diálogo interior con su conciencia, un *diálogo* que puede conducir a la destrucción de cualquier barrera.

Algunos consejos

Diario: escriba cada día una nueva autosugestión inventada por usted mismo. Continúe anotando diariamente el número de cigarrillos que fuma.

Fórmula mágica: «¡Me espera un cambio fantástico!». Escriba esta frase en una hoja de papel. Doble la hoja de manera que el texto no se vea y pégela con adhesivo. Guarde con cuidado este pequeño secreto. Llévelo consigo dondequiera que vaya (puede meterlo en la cartera o incluso en el paquete de cigarrillos). No lo abra hasta el día en que deje de fumar.

Hábitos saludables: respire aire puro. Aprenda a controlar el aire que respira. En el aire se encuentra el elemento más importante para la vida: el oxígeno, que ofrece energía a todas las células del cuerpo. Aunque todavía continúe fumando, conceda un poco de aire fresco a sus pulmones alquitranados tras años de tabaco. Pasee al aire libre, eligiendo lugares poco contaminados, preferiblemente verdes (las plantas durante el día liberan gran cantidad de oxígeno). En estos lugares respire a pleno pulmón, lenta y profundamente, sintiendo placer al hacerlo. Acostúmbrese también a renovar a menudo el aire del lugar en el que esté. El aire fresco y limpio es extraordinariamente estimulante.

Gimnasia mental: cada vez que encienda un cigarrillo dirija la mirada durante unos instantes hacia la pared que tenga más próxima. Mientras fume intente mantenerse en movimiento, desplazándose de un lugar a otro, no deje que su cuerpo quede atrapado por el humo del cigarrillo.

Relación con el tabaco: continúe concentrando sus esfuerzos sobre el primer cigarrillo del día, intentando mejorar su récord personal. Además, deberá añadir otro reto: cuando fume el último cigarrillo del día no debe dar más de siete caladas. No se pregunte por qué, ponga a prueba su voluntad y deje actuar a su inconsciente.

CUARTA ETAPA: decisión

No espere, no existe un «momento adecuado». Comience en el punto en que se encuentra y utilice los instrumentos que tenga a su disposición. A lo largo del camino los encontrará mejores.

(Napoleon Hill)

⬛➤ Punto de partida: la estrella fugaz

La estrella fugaz se ha jubilado hace algunos meses. Desde hace tiempo sufre depresión y el abandono del mundo del trabajo ha agravado su situación. Fuma mucho y esto últimamente comienza a preocuparle. Siente la necesidad de dejarlo, pero no está plenamente convencida. El cigarrillo consigue animarla. Teme que su humor empeore más tarde. Se dirige a su médico y este le aconseja que lo deje más adelante. «Es mejor que no perturbe su equilibrio en este momento», le sugiere. La estrella fugaz se tranquiliza y espera el momento adecuado, pero la depresión no cesa y, además, continúa fumando.

Cuando la motivación comienza a manifestarse es necesario tomar una decisión. Permanecer en la prisión de la duda es un riesgo. Si el tabaco le molesta, ha llegado la hora de actuar, ¡ánimo!

ⅢⅢ➤ Primer paso: analice su dependencia

¿QUÉ INTERFIERE EN LA DECISIÓN?

Cuando en la mente del fumador surge el deseo de dejar de fumar se desencadena un conflicto que puede durar mucho tiempo y repercutir negativamente en su equilibrio. Es un estado de tensión que cesa tan sólo cuando se ha tomado una decisión, en un sentido o en otro. Por este motivo es importante decidirse pronto. Lo que le impulsa a abandonar el tabaco depende en gran medida de su motivación, pero preste atención para no confundir la motivación con la decisión. La primera es esencial, pero no siempre se traduce en acción. Existen personas motivadas que viven esperando dejar de fumar de un momento a otro. En realidad, al no haber decidido nada, esperan durante mucho tiempo en vano. Usted puede tener buenos motivos para dejar de fumar, ser sensible al problema, incluso angustiarse por su situación, pero, si no se decide, su comportamiento no cambiará. En el tabaquismo, como en casi cualquier otro tipo de dependencia, la motivación por sí sola no basta. No se halla frente a una decisión como otra cualquiera. Dejarlo significa pasar a la acción. ¿Cuál? En sí misma la acción que debe realizar es sencilla: para dejar de fumar lo que debe hacer es no fumar. Pero tomar la decisión que la sustenta no es tan fácil. Es un proceso más laborioso que tanto puede llegar a buen término como detenerse o desviarse hacia otros objetivos. Existen muchos factores que interfieren. Sólo hay algo cierto: decidir dejarlo es un paso obligado que tan sólo puede dar usted, nadie puede hacerlo en su lugar.

¡Está en sus manos lograr que su vida llegue a ser tan emocionante e intensa como siempre ha deseado!

Si la motivación es el motor que impulsa un comportamiento determinado, la decisión es la llave que lo activa. Desde el punto de vista etimológico, decidir significa «cortar». ¿Se ha decidido? ¿Está cortando con el tabaco? Para saber si ha tomado esta fatídica decisión no tiene más que mirar el paquete de cigarrillos: si observa una disminución en el consumo significa que está en el buen camino. La decisión es un hecho concreto. Decidir supone actuar. Indirectamente las sugerencias de esta guía le ayudan a decidir. Las indicaciones que se recogen le inducen continuamente a pasar a la acción, a modificar con gestos concretos su relación con el tabaco. Si no ha hecho nada quiere decir que todavía no se ha decidido. «El destino no es una cuestión de suerte, sino de elección. No es algo que deba esperarse sino algo que debe alcanzarse» (William Jennings Bryan).

Examine su plan de actuación, compruebe de nuevo su motivación y estudie atentamente todos los factores que interfieren en su toma de decisiones.

Entre estos ocupa un lugar destacado la *información*. Así como la motivación es preferentemente un hecho inconsciente, la decisión implica directamente a la razón, y por ello es sensible a la información. Cuantos más datos correctos conozca, más rápida y adecuada será la decisión. Por este motivo resulta útil que, durante la fase en que su posición no está todavía decidida, efectúe un balance de costes y beneficios. Conviene que elabore una lista con los costes y los beneficios que supone dejar de fumar. Se trata de dos inventarios completamente personales, así como única y personal es su relación con el tabaco. El objetivo de este ejercicio es colocar en una balanza las ventajas e inconvenientes de la acción que está a punto de realizar, poniendo en juego su capacidad de juicio. El cerebro es un órgano extraordinario que elabora siempre la información que recibe. Dos conjuntos de datos opuestos constituyen una ocasión ideal para valorar y decidir. Cada vez que realiza este balance está estimulando al cerebro a dar una respuesta, lo obliga a elaborar los datos que se le ofrecen y a tomar una decisión. Si tiene dificultad para tomar la decisión, puede serle de ayuda repetir el ejercicio varias veces y recopilar todos los datos ciertos relacionados con el tabaco. La información es la base de la toma de decisión. Pero la mente humana no es un frío gestor de datos, no es un simple ordenador. Incluso frente a un balance coste-beneficio claramente desfavorable al tabaco la decisión puede permanecer en el aire. Existen muchas variables que pueden interferir.

A veces el estado de ánimo condiciona la elección. Si está atravesando un momento difícil, podría no sentirse cómodo al tomar la decisión de dejar de fumar, así como caer en la incertidumbre quien haya vivido experiencias negativas al respecto (por ejemplo, fracasos anteriores, recaídas, ejemplo de personas que no lo han logrado, etc.).

Existen algunos obstáculos auténticamente difíciles de superar, como el convencimiento erróneo de no ser capaz, de no tener suficiente voluntad o de tener que soportar una grave crisis de abstinencia.

Todas estas situaciones pueden generar fuertes conflictos a la hora de tomar la decisión, pero ¿cómo se pueden superar? Si lo que le frena es un hecho contingente, transitorio, puede decidir pasar a la acción en un momento mejor. Cuando una dependencia dura desde hace décadas, se puede esperar tranquilamente algunas semanas, que no cambiarán nada. Pero tenga cuidado, porque el retraso es siempre peligroso. Establezca pronto una fecha ideal, no lo retrase sin marcar un límite. Señalar un día preciso, quizá relacionado con algún hecho especialmente significativo, supone ya una decisión. Si su incapacidad para decidir se relaciona con sus vivencias y temores, siga con confianza esta guía. Antes o después tomará la decisión.

En algunos casos puede ser necesaria una ayuda externa. Las sugerencias de personas competentes pueden representar una buena referencia, pero ¿cuándo es conveniente acudir a ellas? La respuesta es sencilla: cuando no se sabe qué hacer. La dependencia del tabaco genera a la larga una peligrosa pereza mental que repercute en las funciones psíquicas y, de manera especial, frena los procesos de toma de decisión, sume en la pasividad. Quizá le parezca extraño porque, en realidad, la nicotina es un estimulante del sistema nervioso y, por ello, mejora las prestaciones cerebrales. Por algo muchas personas cuando deben tomar una decisión importante encienden el cigarrillo. Pero a largo plazo se manifiesta la tolerancia, se reduce el efecto y es necesaria una mayor dosis de nicotina cada vez para producir la misma lucidez mental. Además, en la pausa entre cigarrillos el cerebro se adormece, ya sea para compensar la excesiva estimulación producida por la nicotina, ya sea porque la disminución de oxígeno reduce la actividad de las neuronas. De este modo se manifiesta la indecisión.

Si tiene la tentación de dejarlo, pero continúa retrasando el momento de empezar sin hallar una explicación, quizás haya llegado el momento de ponerse en manos de un experto. Esto es conveniente incluso en los casos en que la dependencia del tabaco constituye un síntoma secundario de algún malestar mental profundo. No son raras las enfermedades mentales que se asocian con un alto consumo de cigarrillos. La nicotina en esos casos puede actuar como elemento estabilizador y su supresión debe realizarse con cautela. Pero tampoco en estas situaciones el tabaco es ciertamente útil y, a pesar de los aparentes beneficios, siempre es aconsejable eliminarlo.

En cualquier caso, aunque se anime desde el exterior, la decisión sigue siendo un hecho exclusivamente personal.

EL RIESGO DE NO DECIDIR

Esperar demasiado tiempo para tomar una decisión puede ser contraproducente. Durante un proceso como este se crea una considerable tensión interna, vinculada al cuestionamiento de una parte importante de uno mismo. La dependencia de la nicotina entró a formar parte de sus necesidades esenciales, y es como si pusiera en discusión su necesidad de comer o de dormir. Se genera una situación de conflicto que se resuelve únicamente en el momento en que se pasa a la acción. Si esta tarda en llegar, la ansiedad crece y puede repercutir de diferentes maneras en su equilibrio interior.

● Decida ahora, ¡es el mejor momento para cambiar su futuro!

Se habla mucho del equilibrio, pero en realidad se sabe poco de él. Es el instrumento de regulación interna más importante que tenemos, un bien preciado que nos permite superar las tensiones y vivir con tranquilidad. La serenidad es un valor maravilloso. «El hombre sereno no resulta molesto ni para sí mismo ni para los demás» (Epicuro). En general, cuando una persona es serena no se da cuenta de que lo es, pero cuando algo no va bien lo primero que se advierte es la falta de serenidad. El equilibrio es el custodio de la misma. Cada vez que se altera la armonía interior intervienen mecanismos de compensación activados por este atento vigilante. ¿De qué modo el tabaco rompe la armonía interior? Una de las causas más frecuentes de ruptura de la armonía interior es la falta de coherencia entre el modo de pensar y de actuar. En la dependencia del tabaco a menudo se manifiesta una disparidad entre pensamiento y acción. *Saber que el tabaco perjudica y continuar fumando* es un claro ejemplo de incoherencia. Se piensa de un modo y se actúa de otro. Si se encuentra en esta situación y no toma una decisión, deja en el aire una cuestión que perturba intensamente su paz interior. Ciertamente, podría objetar que no es sencillo salir de una dependencia, que algo le obliga a fumar, pero la decisión que debe tomar no es tanto la de sanar (lo que, por otra parte, no está sujeto a decisión) como la de curarse. Esta es la acción que puede y debe decidir. De lo contrario, su equilibrio intervendrá a su manera, seguramente incidiendo sobre la parte débil del sistema. Es más fácil cambiar una opinión que un comportamiento. La reacción más sencilla, menos costosa, consistirá en hacerle cambiar el modo de pensar. Le llevará a consolidar convicciones tranquilizadoras, pero que niegan la evidencia y desafían la estadística: «No es cierto que el tabaco perjudique porque existen personas que fuman mucho y tienen una larga vida» o «No es cierto que el tabaco produzca cáncer porque existen personas que tienen cáncer y no han fumado nunca». Se trata de engaños mentales que permiten recuperar la armonía interior, pero bloquean la toma de decisiones. Por esta razón es importante no retrasar el momento de decidir. No deben activarse los mecanismos de adaptación. La necesidad de mantener el equilibrio no actúa únicamente modificando el pensamiento, sino que también puede interferir sobre la parte fuerte del sistema, el comportamiento: «Creo que el tabaco perjudica y por eso fumo menos». También en este caso se llega a un compromiso mental, se resuelve en parte la incoherencia, la tensión interior se atenúa, pero no se aborda plenamente el objetivo. Fumar menos no equivale a dejar de fumar, es una decisión diferente. Intentar reducir el daño no significa salir de la trampa: sólo afloja un poco la cadena que constriñe su cuerpo, pero continúa firme la que retiene su mente.

Un último modo de resolver la incoherencia y lograr la serenidad consiste en reconocer qué se debe hacer y demorarlo sin fecha: «Sé que el tabaco perjudica y, por tanto, dejaré de fumar». Una promesa que se deriva hacia un futuro comportamiento es otra posible decisión. Las promesas son decisiones a todos los efectos, pero si no están bien definidas, no podrán realizarse nunca. Sirven únicamente para contener la ansiedad, pero podría llegar a envejecer sin acabar con el problema.

Si no se siente capaz de comenzar ahora, decida por lo menos con precisión cuándo intentará hacerlo. No lo deje en una nebulosa, no diga genéricamente en qué estación o mes: establezca el día preciso. Después, compruebe su capacidad para mantener las promesas.

Sin embargo, lo mejor que puede hacer es girar *ahora* la llave que pone en marcha el motor. Para realizar este gesto basta un instante, y su vida cambiará.

Ⅲ➡ Segundo paso: desarrolle sus recursos

VALORES Y FUERZA DE VOLUNTAD

Cuando ha alcanzado la encrucijada que supone una decisión no puede detenerse en este punto, debe elegir. Si no decide dejarlo, también ha tomado una decisión: la de seguir fumando. Dado que no puede obviar el dilema, lo mejor que puede hacer es limitarlo en el tiempo. Acelerar este proceso significa evitar tensiones y desperdicio de energía. Cuando las decisiones no son dificultosas se acompañan siempre de convicción y determinación. Permiten intuir que se logrará un buen resultado. Si no espera una eternidad para hacer su elección, puede confiar en que seguramente dejará de fumar. Para superar la indecisión es necesario tener el valor de dar el primer paso, y una vez hecho, sólo es cuestión de tiempo. «Incluso el viaje más largo comienza dando un paso» (Confucio). Todo depende de emprender la acción. Pero este inicio ¿es instintivo o voluntario? En las etapas precedentes ha constatado la gran importancia del inconsciente en la preparación del camino hacia el cambio. Sin embargo, en el momento de comenzar interviene la razón, el otro gran rector que gobierna la conducta. Cuando en la conciencia se consolida finalmente la idea de eliminar lo superfluo, la *voluntad* le impulsa en esa dirección y le hace dar el primer paso. Las personas que fuman caen a menudo en el error de sentirse privadas por completo de este motor excepcional y cuando necesitan ponerlo en marcha para cambiar su comportamiento lo hacen sin confianza. Y, sin embargo, cada día lo utilizamos mucho más a menudo de lo que pensamos: en el trabajo, al conducir el automóvil, al hacer las tareas domésticas o incluso cuando leemos el periódico. En general, se desconoce cómo desarrollar y reforzar este bien tan dúctil y valioso.

● **¡Cuando la estrella de la voluntad se apaga, busque la luz en el universo de los valores!** ●

Existen numerosos factores capaces de estimular la voluntad. Entre estos destacan los *valores* que pueden reforzarla y adecuarla a los objetivos. Los valores han protagonizado páginas importantes de la historia. En su nombre se han sacrificado muchas vidas. Constituyen la expresión de la cultura y civilización de un pueblo. Pero ¿qué es en realidad un valor? De manera muy sencilla podríamos decir que este término representa lo que es importante para uno mismo en un determinado momento. Cualquier cosa, persona, pensamiento o sentimiento pueden ser un valor y convertirse en un principio superior al que referirse. Sus valores no son los mismos que los de otra persona. Cada uno establece su propia escala de valores. Pero estos puntos de referencia personales no son estables ni inmutables, pueden variar con el tiempo: lo que antes consideraba importante ahora puede no parecérselo. A diferencia de la prioridad de las necesidades, que es establecida por el inconsciente, la escala jerárquica de los valores está determinada por la conciencia. Puede elegir si conceder más importancia al éxito, a la familia, a la diversión, a la religión o a cualquier otro aspecto. El tiempo que dedica a una determinada actividad a menudo es proporcional al valor que le concede. Los valores son elementos importantes que condicionan gran parte de las elecciones y estimulan a la voluntad a pasar a la acción. Incluso su decisión de salir de la trampa se ve influida en mayor o menor medida por ellos. Intente hacer un breve examen de conciencia y construya su escala de valores. Compruebe cuáles son en la actualidad las cosas más importantes para usted. Estos principios son los que orientan su vida. Ordénelos de acuerdo con su importancia, examínelos de uno en uno y valore en qué medida tienen relación con el tabaco. Si obstaculizan su deseo de dejarlo, sitúelos en los niveles más bajos, mientras que si parecen ser sus aliados, colóquelos más arriba. Obviamente este ejercicio no basta para cambiar el orden real de las cosas, pero si le cuesta tomar una decisión, puede ayudarle a comprender cómo debe reconsiderar su plan de actuación.

Las personas que fuman poseen valores a menudo descuidados que podrían resultar determinantes para decidirse a abandonar el tabaco. Entre estos destacan el amor propio, la búsqueda de la ética y el deseo de libertad. Reflexione algunos instantes sobre estos aspectos e intente hallarles un buen acomodo entre sus propios valores.

El respeto a uno mismo

El respeto a uno mismo o amor propio es el especial estado afectivo que impulsa a tener cuidado de la propia salud, a preocuparse por uno mismo. Es un valor inapreciable del que carecen por completo las personas que fuman. Con el tabaco se practica una violenta agresión contra uno mismo. Cada vez que fuma desprecia su salud; incluso si fuma pocos cigarrillos cada día no puede afirmar que se cuida. En este caso no importa la medida, debe ser todo o nada. La Organización Mundial de la Salud ha declarado que el tabaco es extremadamente tóxico para el cuerpo humano, pero en realidad llenar los pulmones de humo no es únicamente una agresión a su cuerpo. Supone un maltrato global de la persona: repercute sobre la salud del cuerpo, sobre la de la mente y sobre la salud social. Al aceptar esta dependencia no somete a padecimiento tan sólo a sus órganos, sino que agota sus recursos mentales y su relación con los demás. Cualidades todas ellas que lo convierten en una persona única e irrepetible.

¿Cuánto le cuesta en realidad un paquete de cigarrillos?

El amor propio es un bien innato en todos los individuos, pero más tarde las elecciones personales lo potencian y lo convierten en un valor. Tanto puede convertirse en una llama viva como apagarse poco a poco. Intente reavivarlo, será una ayuda formidable para alcanzar su objetivo.

La búsqueda de la ética

Este es otro valor en crisis entre los fumadores. La corrección de su modo de actuar a menudo es ignorada u olvidada porque a diario toman a broma su propia salud. Si mientras fuma piensa si es justo hacerlo, no puede sino sentirse culpable. Por otra parte, no son pocas las personas que perciben el tabaco como un error, pero, a pesar de ello, continúan fumando: les falta ética. Esta carencia es más evidente en las personas que desarrollan su actividad en el campo de la educación. Un médico que fuma, por ejemplo, es un desastre desde el punto de vista educativo. Un experto de la salud que cae en esta contradicción produce un daño increíble no sólo a sí mismo, sino también a sus pacientes. Lo mismo puede decirse de un maestro, de un padre o de cualquier otra figura educativa. No se puede enseñar a vivir sin asumir la propia responsabilidad y sin coherencia. La búsqueda de la ética nace de un profundo respeto por la vida y la colectividad. ¿Cuántas veces ha perdido este respeto?

¿Cómo piensa remediarlo? Para incrementar este valor no tiene más que preguntarse, cada vez que fume, si está haciendo lo adecuado para usted mismo y para quienes tiene cerca en ese momento. Recuerde: ¡cada vez!

El deseo de libertad

Es un último y maravilloso valor que le puede ayudar a tomar la decisión de abandonar el tabaco. El fumador tiene un concepto algo distorsionado de la libertad. Paradójicamente, con el cigarrillo entre los labios a menudo se disfruta de un sentimiento de libertad. Uno se siente dueño de su propia existencia y ejerce sobre ella su autoridad. Pero, aunque nadie pueda negarle este dominio, su vida no le pertenece. La libertad de causarse mal no es una auténtica libertad, es sólo una ingenua demostración de poder. La libertad es otra cosa. En este bien inestimable concurren muchos factores, entre ellos la salud. La salud es libertad de movimiento, libertad de comunicación, libertad de percepción y de sensaciones. Un cuerpo y una mente sanos son esenciales para vivir plenamente en libertad. Permanecer en la trampa del tabaco significa no apreciar este valor, supone aceptar la sumisión. ¿Cuántas veces ha sentido el peso de su esclavitud? Es cierto que compartir una opresión con otras personas puede aliviarle en parte, pero convénzase: es una carga que antes o después agota a cualquiera. ¿Por qué pasar toda la vida bajo el ambiguo yugo de la nube de humo que sale de su boca?

AUTOOBSERVACIÓN

Si le cuesta sentir el peso de la dependencia, significa que debe hacer más objetiva su prisión. El tabaco induce una adaptación psicofísica que logra que la percepción subjetiva de la realidad se asimile a la de una situación normal. Prácticamente no reconoce en qué medida su vida está condicionada. ¿Cómo puede hacer más evidente la trampa en la que se encuentra? Existe un modo sencillo: la autoobservación.

Se trata de un útil ejercicio que sacará a la luz algunos aspectos ocultos de su existencia. No es un simple examen de conciencia, como podría parecer, sino la capacidad para analizar en cada momento y de manera objetiva las numerosas señales que emite su cuerpo, de manera similar a tener un espejo frente a usted que muestre en cada instante sus acciones y sentimientos.

¡En el gran espejo de la vida mírese a los ojos y confíe en lo que le dicen!

Dominar la práctica de la autoobservación requiere sólo algo de voluntad. En compensación puede aportarle muchísimo, ayudándole a corregir su comportamiento instintivo y a mejorar su autocontrol. Puede aplicarla a cualquier acción que quiera limitar o controlar mejor.

En este caso específico se trata de someterse a examen cada vez que sienta la necesidad de fumar. Para llegar a ser consciente de la dimensión del problema debe analizar su comportamiento en el momento en que se escapa de sus manos. Debe estudiar los sentimientos y reacciones en ese preciso instante. De este modo el tiempo dedicado al tabaco no sólo se reconoce en su propia dimensión, sino que también se aísla y circunscribe.

En la práctica debe realizar en orden las siguientes tres operaciones.

◆ Contar cuidadosamente los cigarrillos que fuma en un día sin olvidar ninguno. Es importante hacerlo en el mismo momento en que está a punto de encender el cigarrillo, y no al final de la jornada haciendo cálculos a partir de lo que queda en el paquete.

◆ Establecer en qué estado de ánimo se encuentra cada vez que está a punto de encender un cigarrillo. Puede elegir entre estas tres situaciones: estado negativo (tensión, cansancio, etc.), estado positivo (bienestar, distensión), estado indiferente (comportamiento automático).

◆ Valorar después de cada cigarrillo si podía renunciar a él o no.

Un examen más minucioso consiste en contar incluso las caladas por cigarrillo, tanto las profundas como las superficiales (en efecto, requiere más dedicación, pero vale la pena probar con algunos cigarrillos).

Si lo desea también puede anotar estas observaciones en su diario (véase «Algunos consejos») para poder evaluar la jornada, pero esto no es estrictamente indispensable, lo que cuenta es hacer el ejercicio en el momento, con cada cigarrillo (una observación superficial cada tanto no sirve de nada).

Utilizando de este modo los instantes que preceden al encendido del cigarrillo y los posteriores a su conclusión se crean barreras conscientes que acotan el tiempo en que el inconsciente ha predominado.

El comportamiento que escapa a su control se ve cada vez más delimitado y confinado al encontrarse continuamente con su toma de conciencia.

Si aplica cuidadosamente la observación, no sólo acelerará su decisión, sino que espontáneamente irá disminuyendo el número de cigarrillos que fume. ¡El autocontrol pronto comienza a actuar!

⭲ Tercer paso:
utilice nuevas estrategias

LA ENCRUCIJADA DE LA DUDA

En su estimulante viaje a través del mundo simbólico, llega el momento de realizar una elección importante. Se encuentra ante una encrucijada y no sabe hacia dónde debe encaminarse. Cuando el futuro plantea un interrogante no siempre se afronta en primera persona: al renunciar a mirar en su interior no queda sino la resignación.

Lea con atención este cuento y revívalo después mentalmente con los ojos cerrados. Colóquese en el lugar del protagonista y deje que afloren las sensaciones y emociones.

Está caminando por un sendero oscuro. Lleva todavía un peso sobre la espalda y su paso es lento, pero de algo está seguro: este es el camino correcto.
Una luz brilla sobre su camino, ilumina los paisajes que atraviesa y alivia la fatiga.
En un determinado momento llega a una encrucijada. El camino se divide en dos direcciones y no sabe cuál debe tomar. No existe ninguna indicación, ninguna señal...
Tan sólo hay una gran mata espinosa que separa los dos caminos, un denso matorral plagado de espinas largas y puntiagudas. Obsérvelo bien. En medio, escondida entre las espinas, ve una extraña flor roja...

Es una flor especial, le recuerda algo, la ha visto ya en otro sitio.

Le atrae intensamente. Desprende un aroma intenso, sólo para usted. Es un perfume que le seduce, que embriaga su mente...

Se aproxima, quiere recoger esa fascinante flor. El deseo se intensifica. La flor le ha trastornado la mente y su mano, de forma instintiva, penetra en el matorral. Indiferente a las espinas y al dolor la recoge.

Ahora la flor roja le pertenece y la sujeta fuertemente. Le parece tocar el cielo con la punta de los dedos, pero la satisfacción dura sólo un instante. El deseo de poseer la flor se desvanece. Ya no percibe ningún aroma y lo que sostiene en la mano es únicamente una flor mustia.

No sabe qué hacer con la flor muerta. Intenta tirarla, pero su mano no se abre, la flor se ha unido a su cuerpo, ahora forma parte de usted. No consigue librarse de ella.

El tiempo pasa. No sabe cuánto, quizá días, quizá meses y sigue allí, frente a aquel matorral espinoso con una flor marchita en el puño... Hasta que una noche, en la oscuridad del cielo, una estrella fugaz abre una brecha en su corazón e ilumina por un instante sus pensamientos. Ha sido un instante, pero...

Compruebe el significado

La *luz* representa su motivación para dejar de fumar. Esta le ha conducido durante su cambio y ha favorecido su disponibilidad, pero ahora se le pide algo más. La encrucijada representa el momento en que debe aumentar su implicación personal. El *camino* seguro que estaba recorriendo hasta ahora se divide en dos, dándole la oportunidad de elegir. Llegado este punto, ninguna indicación externa puede ayudarle. La decisión que debe tomar es un acto exclusivamente personal. La *gran mata de espinas* es un símbolo negativo, un recuerdo del peligro y el dolor. No por casualidad crece allí la *flor roja* que muestra todos los aspectos ocultos de la trampa que representa: *su mano no logra dejarla*. Se trata de un símbolo muy ambiguo, difícil de identificar como problema. La flor, junto a la falsa sensación de felicidad, ofrece la belleza y la emoción por la vida, mientras que el color rojo, además de peligro y agresividad, representa pasión y vitalidad. En el imaginario, el problema se oculta en un hermoso escondrijo. Igual que en la realidad. La ambivalencia es la característica típica de cualquier dependencia: por un lado, placer y, por el otro, sufrimiento. Así sucede con su dependencia, por lo menos hasta que decida cambiar. La *estrella fugaz* es otro símbolo que le recuerda la necesidad de decidir por usted mismo. La estrella (así como el sol, la luna y los astros en general) constituye un símbolo de referencia en el imaginario: el hecho de que sea fugaz expresa tanto la transitoriedad de los signos externos cuando está en juego un interés personal como la necesidad de valorar los propios deseos para realizar una elección adecuada.

Algunos consejos

Diario: realice una tabla que incluya por lo menos un día completo de autoobservación. Resulta útil anotar la suma total de tres parámetros: el número de cigarrillos, el estado emotivo previo al encendido y la valoración al apagarlo (véase «Segundo paso»).

Fórmula mágica: «¡He decidido dejar de fumar!». Escriba esta frase en una etiqueta adhesiva y colóquela en el paquete de cigarrillos. A partir de ahora péguela en cada nuevo paquete que comience.

Hábitos saludables: aprenda a mimarse como si fuera una persona a la que quiere. Trate con miramiento y diligencia tanto su cuerpo como su mente, sin olvidar que existe también una salud social que debe proteger.

◆ **Cuidado del cuerpo**

Siga una dieta equilibrada. Lo que ingiera como alimento le será restituido en salud y belleza.

Muévase con regularidad. Tonificando los músculos entrena también la mente, la libera de toxinas, tensiones y pensamientos negativos.

Descanse con intención de hacerlo. Procurar tranquilidad a su cuerpo es uno de los regalos más beneficiosos que pueda darse.

Respire siempre aire puro. Aprenda a controlar el aire que respira. El aire fresco y puro es un estímulo extraordinario para favorecer el cambio.

Busque el contacto con el agua. Realice con frecuencia baños tonificantes y beba mucha agua. Es fuente de vida y renovación.

◆ **Cuidado de la mente**

Incremente su cultura. Lea y escriba. Observe cuanto sucede en el mundo. En el placer por el conocimiento se nutren el sentido crítico y la inteligencia.

Admire las obras de arte y déjese seducir por los mejores espectáculos. La creatividad y la fantasía son la base de las emociones.

Rememore con frecuencia sus mejores recuerdos. Las experiencias que se recuerdan con placer tienen un inestimable valor: no se agotan nunca y mantienen alto el ánimo.

Realice diariamente una autoevaluación de sus actos. Felicítese por aquellos de los que se sienta satisfecho y reflexione sobre los que no le han agradado. La autocrítica es el mejor ejercicio para conservar el equilibrio.

Elabore nuevas ideas. Tener proyectos siempre genera entusiasmo y da motivos para vivir. Asegúrese de que sus objetivos son realistas y puedan alcanzarse: transformar un sueño en realidad es una de las experiencias más satisfactorias de la vida.

◆ **Cuidado de la salud social**
Utilice preferentemente palabras estimulantes y animosas en sus diálogos con los demás. Evite las pesimistas.

Intente relacionarse con personas positivas. El sentido común y los buenos sentimientos florecen en los encuentros provechosos.

Sonría a quien tenga enfrente. En este especial movimiento de los labios se oculta el secreto del éxito y de la felicidad.

Aprenda a escuchar: al prestar atención a las necesidades de los demás crecerá la necesidad que los demás tienen de usted.

Conceda valor al contacto físico. Con un beso, una caricia o un apretón de manos se une al resto del mundo y da a entender que también usted existe.

Gimnasia mental: refuerce su voluntad con los ejercicios que se presentan a continuación.

◆ **Entrenamiento de inmovilidad.** Evite cualquier movimiento de su cuerpo durante periodos cada vez más prolongados. Colóquese en una posición cómoda con los músculos bien relajados, cierre los ojos y manténgase en la más completa inmovilidad. Tan sólo puede respirar, evite deglutir y si mueve inadvertidamente aunque sólo sea un dedo o una ceja vuelva a empezar (comience con 5 minutos aumentando gradualmente hasta 10-15 minutos). Mantenga la concentración sobre su cuerpo: si se distrae pensando en otra cosa es probable que se produzca algún movimiento involuntario. Más tarde puede entrenarse en mantener fija la mirada sobre un objeto cualquiera sin cerrar los párpados (comience con 30 segundos aumentando gradualmente hasta 5-10 minutos).

◆ **Pensamiento dirigido.** Los pensamientos se generan de manera espontánea o surgen de una elaboración voluntaria. En este segundo caso existe siempre un interés que los mantiene. Para potenciar la voluntad debe dirigir voluntariamente su pensamiento hacia algo poco interesante, que no atraiga por sí mismo su atención: puede ser cualquier utensilio, un objeto vulgar que nunca le haya interesado, un detalle de un mueble o de un vestido. Cuanto menos atractivo sea el objeto, más sutil será el ejercicio. Una vez identificado, mantenga su concentración fija y realice observaciones que le estimulen. Lo único que cuenta es no pensar en otra cosa durante al menos 10 minutos.

Relación con el tabaco: esfuércese para situar su récord personal de resistencia al primer cigarrillo en al menos una hora. Si ya ha superado esta meta, continúe mejorando, lo está haciendo muy bien. Intente no aspirar más de siete bocanadas por cada cigarrillo. Cuando haya alcanzado estos objetivos le faltará muy poco para la recta final.

QUINTA ETAPA:
deshabituación

Los hábitos son hábitos, y nadie debe deshacerse de ellos
lanzándolos por la ventana; es necesario acompañarlos
hasta el final de la escalera bajando un escalón cada vez.

(Mark Twain)

ⅢⅢ➡ Punto de partida:
el guardián del faro

El guardián del faro está en el seno materno. Su madre es fumadora y él, impotente, fuma con ella. Por suerte, no es una madre egoísta y está intentando dejarlo, no quiere seguir perjudicándole. Desde que está encinta la idea de dañar a su pequeño le atormenta. No la soporta, y tampoco tolera el olor del tabaco. Desde hace tiempo está madurando la decisión de dejarlo, pero siempre le ha faltado valor. Sabía que debería afrontar dificultades, y esto le producía temor. Siempre ha tenido miedo del sufrimiento. Le habían dicho que pasaría días difíciles, que no dormiría, que engordaría. Temía también perder su atractivo. Pero ahora su imagen de fumadora no resplandece como antaño. Existen otras luces en su corazón. El guardián del faro no llegará a este mundo impregnado de humo. Su madre se está aplicando a fondo y día a día disminuye el número de cigarrillos. Sin sufrimiento. Todos sus miedos eran infundados. Cuanto más se aleja del humo, mejor se siente. Cada vez está más convencida de que nada le impedirá alcanzar su objetivo. El acre olor del tabaco no llegará a la cuna de su hijo.

Abandonar el hábito del tabaco y adaptarse a un nuevo estilo de vida pueden comportar algunas dificultades, pero no debe concederse tregua alguna a los prejuicios y los falsos miedos. Conduzca con firmeza sus actos. La satisfacción que obtendrá compensará cualquier esfuerzo.

ⅢⅢ➡ Primer paso: analice su dependencia

¿QUÉ PROBLEMAS SE MANIFIESTAN AL DESHABITUARSE DEL TABACO?

Deshabituarse significa «perder un hábito». Se aplica por primera vez con el destete, cuando el niño debe abandonar la leche materna. En un determinado momento del crecimiento la lactancia no es suficiente y es indispensable introducir alimentos más nutritivos. De este modo, aunque gradualmente, se produce una de las primeras y quizá más dolorosas separaciones de la vida. Alejarse del seno materno, fuente de saciedad, amor y protección, es un gran pesar para el niño. No sabe por qué debe afrontar este sufrimiento, intenta rebelarse llorando, pero el comportamiento positivo de la madre lo ayuda a superar con tranquilidad esa importante fase evolutiva.

Lo mismo sucede con la deshabituación del tabaco. Cuando decide dejarlo, necesita romper un vínculo afectivo muy intenso, y esto supone un cierto pesar. Se trata, sin embargo, de un malestar menor que el que debió afrontar al separarse del seno de su madre. No se deje influir por quien no ha logrado dejar de fumar. Desvincularse del tabaco es más fácil de lo que se cree. «Un hombre que sufre antes de tiempo sufre más de lo necesario» (Séneca). Los miedos que frenan la deshabituación no son pocos, pero a menudo carecen de fundamento. Se pasa del miedo a estar mal al de engordar o al de la depresión. Por último, existe la incertidumbre del cambio, quizás el obstáculo más real y profundo. Muchos de estos temores, por otra parte, pueden superarse con información adecuada. Conocer detalladamente lo que sucede durante la deshabituación la convierte en más asumible y permite establecer una disposición mental más apropiada para afrontarla.

● **¡Alégrese por las fatigas del viaje si su meta es el tesoro!**

Una expectativa agradable mitiga casi cualquier fatiga, pero ¿cuáles son las expectativas de una persona que deja de fumar? ¿Qué sucede en realidad tras el último cigarrillo? El humo se comporta como una droga. Puede parecer que esta afirmación es un poco osada, ya que los cigarrillos son un producto comercial legalmente autorizado, pero la nicotina produce una auténtica *dependencia* (necesidad de consumo continuo), con una notable crisis de abstinencia, por lo que, de hecho, no se exagera al considerarla una droga. Una vez que la nicotina penetra en la sangre a través de los pulmones, permanece en circulación durante un breve periodo. Su acción es rápida y fugaz. Pocos minutos después de su absorción la nicotina alcanza las células nerviosas y las excita. Los efectos de esta estimulación se traducen en una ligera mejora de las facultades mentales (atención y memoria en primer lugar) y en una mayor resistencia al esfuerzo, al hambre y al sueño. La nicotina es una sustancia que actúa, aunque en inferior medida, como la cocaína o la anfetamina, y debería ser catalogada junto con estas entre las drogas estimulantes del cerebro. El efecto gratificante no dura demasiado. Al cabo de media hora la cantidad en sangre se ha reducido a la mitad. Conforme disminuye su nivel en sangre aparecen los síntomas de la abstinencia. Se trata de un leve malestar que requiere algo de paciencia porque se extingue por sí solo en el plazo de pocos días. En general, estos síntomas son proporcionales al nivel de dependencia y, por tanto, al número de cigarrillos que se fuman diariamente. La abstinencia del tabaco se caracteriza por problemas preferentemente de naturaleza psicológica, pero también pueden manifestarse síntomas de tipo físico: ligera cefalea, debilidad, sensación de mareo. Raramente se observan temblores, sudoración y reducción del ritmo cardiaco. A veces aparecen leves molestias gastrointestinales (sensación de vacío en el estómago, aumento del apetito) y cambios en la secuencia sueño-vigilia (sueño alterado, somnolencia). Todas ellas son señales de la *readaptación* del cuerpo que se desvanecen en poco tiempo.

El malestar psíquico más insistente y molesto es el *deseo impulsivo de fumar*, el denominado *craving*. Se trata de una idea fija, obsesiva, martilleante, que pone a prueba la fuerza de voluntad de cualquiera. Pero es únicamente una idea y, por tanto, puede combatirse fácilmente con otras ideas. Las otras molestias psíquicas, que completan el cuadro, son en general menos gravosas y se limitan a un ligero nerviosismo y una cierta tendencia a la irritabilidad. En algunos casos pueden aparecer leves alteraciones del estado de ánimo de carácter depresivo, que remiten al poco tiempo. Se trata, no obstante, de síntomas bastante subjetivos, que pueden verse influidos en intensidad y duración por el carácter y las condiciones psicofísicas.

En cualquier caso, dicha sintomatología raramente llega a ser grave. Además debe considerarse otro aspecto importante. La crisis de abstinencia no es la única consecuencia de dejar de fumar. Al contrario de lo que sucede al interrumpir el consumo de otras drogas, en que sólo aparece la crisis de abstinencia, cuando se deja de fumar el organismo experimenta de inmediato cambios positivos. De manera simultánea a la abstinencia se perciben beneficios físicos no desdeñables. Ocho horas después del último cigarrillo el nivel de oxígeno en el organismo ha aumentado y la presión sanguínea se normaliza. Después de un total de 24 horas los pulmones funcionan mejor y pronto se tiene la sensación de tener más resistencia frente a cualquier actividad física. Tras 48 horas sin fumar el olfato y el gusto vuelven a funcionar como deben: los alimentos parecen más sabrosos, se perciben los olores y perfumes con mayor intensidad. Más tarde, en el plazo de algunos días mejora también el aliento, que se hace más fresco y limpio, mientras que la piel adquiere brillo y elasticidad. Con el tiempo tenderán a resolverse los posibles problemas vinculados con el tabaco (quienes sufran de bronquitis y faringitis crónicas saben bien a qué nos referimos), y el riesgo de sufrir enfermedades cardiacas y tumorales volverá a ser, gradualmente, igual al de los no fumadores. Estos aspectos deben subrayarse porque no son pocos los fumadores que, tras años de tabaco, creen haber arruinado su cuerpo de manera irreparable. Esta opinión errónea tiene, no obstante, gran repercusión sobre sus expectativas de vida y su motivación para dejar el tabaco. No debe tener dudas al respecto: cuando deje de fumar recuperará su bienestar y su vitalidad.

Existen, además, muchas ventajas que se harán patentes al abandonar el tabaco. Piense en el ahorro: ¿cuánto le cuesta cada día su dependencia? Imagine las reacciones positivas en las personas que conoce: ¿cuánto le beneficiarán? Considere el cambio de su estilo de vida: ¿sólo le servirá a usted o será un ejemplo positivo para alguien más? La lista de beneficios que obtendrá al cabo de poco tiempo podría continuar, pero estos bastarán para hacerse una idea de lo que está a punto de suceder: mucho más que un simple cambio de hábitos. La deshabituación del tabaco no es poca cosa. Convénzase de que su objetivo es un tesoro de gran valor y de que el camino para alcanzarlo no es imposible de recorrer.

CÓMO ABANDONAR EL CIGARRILLO

Al hablar del abandono de la lactancia natural se ha remarcado el carácter gradual del proceso. Un cambio brusco en el modo de alimentarse y en la relación con la madre sería insoportable para el niño. De igual manera, una separación demasiado rápida de la nicotina podría crear algún problema. No es que esta modalidad sea impracticable, incluso en determinadas circunstancias es una solución obligatoria. Algunas personas desarrollan un intenso conflicto con relación al tabaco, llegan a odiar el cigarrillo y se enfurecen consigo mismas porque no son capaces de dejarlo. En estas situaciones, cualquier desencadenante puede llevar el conflicto a un punto tan insoportable como para obligar al individuo a tirar a la basura el paquete de cigarrillos. Naturalmente tras este acto liberador es necesario afrontar la crisis de abstinencia. En principio, la deshabituación rápida, sin ningún apoyo externo, es desaconsejable si el nivel de dependencia es alto (quien fuma más de 20 cigarrillos diarios). Esto es así porque en estas circunstancias la crisis de abstinencia es prácticamente inevitable y podría ser molesta. Es cierto que, con ayuda (véase «Primera etapa»), se puede vencer con bastante facilidad, pero una separación demasiado rápida del tabaco no concede el tiempo necesario ni al cuerpo ni a la mente para adaptarse a la nueva situación.

Es mejor, por tanto, una deshabituación gradual, que permite alcanzar suavemente la normalidad sin sufrimiento. Este modo de desintoxicación es el adecuado para cualquier nivel de dependencia, no requiere ayuda externa de ningún tipo y puede adaptarse al ritmo de todas las personas.

● **¡No tenga prisa por alcanzar la cumbre, el camino más corto no siempre es el más seguro!** ●

Con este simple método natural es posible cortar el vínculo con cualquier droga, pero existen tres requisitos fundamentales que deben cumplirse para que la iniciativa tenga éxito.

El primero es que su *decisión* sea *firme y estable*. Sólo se comienza a construir una casa cuando el proyecto está listo. En su mente debe haber dejado de fumar. Aunque su cuerpo por necesidad continúe fumando, en su mente el tabaco ya no debe tener cabida. Desde el momento en que comience la deshabituación, cada cigarrillo que encienda sólo le servirá para ayudarle a dejarlo. Ya no será un cigarrillo normal. «A partir de un determinado punto ya no hay posibilidad de retorno. Ese es el lugar al que se debe llegar» (Franz Kafka).

El segundo atributo que debe poseer es la *capacidad de evaluar* la cantidad diaria de nicotina que absorbe. Si le cuesta contar cada día los cigarrillos que fuma no comience de inmediato la deshabituación. No tiene sentido fragmentar el trabajo si no puede estimar sus dimensiones. Ejercite antes la autoobservación. La última prerrogativa es la *continuidad* en llevar adelante la tarea. Es importante no detenerse nunca durante el proceso de separación. Si teme no lograrlo, programe desde el inicio una reducción más pausada, pero no interrumpa el camino. Una excesiva flexibilidad amenazaría con convertir sus últimos cigarrillos en un largo e interminable adiós. Fije los tiempos que considere más adecuados de acuerdo con su dependencia y respételos con firmeza. «Pocas cosas son imposibles si se es diligente y capaz. Las grandes obras se llevan a cabo no con la fuerza sino con la perseverancia» (Samuel Johnson).

FORMAS DE ACTUACIÓN

Una vez establecidas las premisas, deben considerarse las diferentes formas de actuar. ¿Cómo se puede llevar a cabo una correcta reducción gradual de cigarrillos?

El primer método consiste en cambiar el tipo de cigarrillo y pasar a otro con menor cantidad de nicotina. Aun manteniendo durante un determinado periodo el número de cigarrillos fumados, es preferible disminuir en 0,2 mg el contenido de nicotina de cada uno de ellos. Si, por ejemplo, fuma cigarrillos que contienen 1 mg, debería sustituirlos por otros de 0,8 mg, después por otros de 0,6 mg, etc. En la práctica, cada dos o tres días debería utilizar cigarrillos un poco más ligeros. Se trata de una estrategia útil, entre otras cosas porque comienza a romper con el sabor habitual del tabaco y con otros hábitos vinculados a la marca acostumbrada.

El único inconveniente es que al pasar a cigarrillos más ligeros se tiende a aspirar más veces y más profundamente, por lo que es necesario prestar atención a cómo se fuma.

Si este método no le atrae o ya está fumando cigarrillos más ligeros, puede reducir un décimo la cantidad diaria cada tres días. Si fuma, por ejemplo, 20 cigarrillos cada día debería eliminar dos cada tres días. Estos datos se ofrecen como indicación para evitar la posible crisis de abstinencia incluso en los casos más graves. Si la suya no es tan intensa puede reducir los tiempos y cambiar los valores señalados según su criterio. En cualquier caso, intente disminuir la cantidad de manera constante, manteniendo el mismo ritmo entre los días de reducción y los de pausa. Los momentos de pausa (los periodos en los que no reduce los cigarrillos) no son superfluos, por cuanto su organismo debe disponer del tiempo necesario para adaptarse después de la consecuente reducción de nicotina.

Como alternativa a esta técnica puede mantener constante el número de cigarrillos y disminuir gradualmente el número de caladas por cigarrillo. Normalmente se realizan 10 o 12 por cada uno. Puede suprimir un par en cada cigarrillo de la jornada. Tres días después elimine otras dos y prosiga de este modo. Esta técnica, que requiere un poco de atención, es conveniente sobre todo para quienes les cuesta renunciar al ritual. En la última fase, cuando todos los cigarrillos se han limitado a dos caladas, se podrá interrumpir de golpe o proseguir con una nueva reducción (en esta ocasión, de cigarrillos).

Existen, además, otras opciones, que encontrará al final de cada etapa (en «Algunos consejos»), ya sea para reducir la nicotina absorbida diariamente, ya sea para cambiar el ritual vinculado al tabaco, a veces más adictivo que la propia nicotina. No deje nunca de intentarlo, siga cuidadosamente todas las indicaciones destinadas a modificar su relación con el tabaco. Aunque en algún caso no esté plenamente convencido, experimente antes de desechar la indicación de su plan de actuación. A veces puede ser aquel el camino más fácil para alcanzar el objetivo.

⫸ Segundo paso: desarrolle sus recursos

EL ARTE DE LA DISTRACCIÓN

Muchas personas están convencidas de que es imposible dejar de fumar sin ayuda externa. Nada más equivocado. Puede separarse de los cigarrillos utilizando tan sólo sus capacidades. Al reducir gradualmente el número de cigarrillos que fuma, el enemigo más temible que podría afrontar (el condicional es obligatorio) es el *craving*.

Luchar contra una idea enfermiza puede parecer difícil, pero no es una tarea imposible. Si teme este enfrentamiento, recurra confiado a la técnica de la distracción.

Cuando se habla de distracción se piensa siempre en algo negativo. Son muchos los inconvenientes que se le atribuyen, tal como se entiende comúnmente: accidentes, desgracias, fracasos. Pero en estos casos siempre es algo fortuito, no querido. A menudo el error humano se origina por una falta de atención. No obstante, la distracción no es sólo un defecto. En muchas circunstancias la capacidad para distraerse puede resultar de gran utilidad. Para aliviar una gran tensión o un pensamiento molesto no hay nada mejor que dirigir la concentración hacia otro punto. Así pues, si encuentra alguna dificultad a la hora de llevar a cabo su deshabituación y el deseo de fumar le persigue, no se desanime, aprenda a distraerse.

● **¡Cuando el enemigo amenace levante una pared para aislarlo!**

En este caso no se tratará de una pared física sino metafórica. El acróstico de PARED le recordará fácilmente algunas acciones importantes:

P = Pensar
A = Actuar
R = Reír
E = Escuchar
D = Dialogar

◆ **Pensar.** El cerebro no puede pensar en dos cosas al mismo tiempo, así que ¿por qué cuando aparezca de manera recurrente la idea de encender un cigarrillo no la sustituye por otra? Cualquier pensamiento que se mantenga en su mente durante algunos minutos será suficiente para distraer la necesidad de fumar. Puede pensar en cualquier cosa estimulante, en un proyecto, en algún familiar o en algo imaginario. En esta guía aparecen diseminados pensamientos alternativos que pueden servirle. Pero el problema no es tanto qué pensar como la dificultad de iniciar otro pensamiento cuando la mente está atrapada por una idea fija. La construcción del nuevo pensamiento reclama atención y tener la cabeza completamente libre, algo de lo que en ese momento no dispone. Por ello es importante que prepare sus pensamientos sustitutivos antes de iniciar plenamente la deshabituación. Prepare algunos que le resulten atractivos en especial y en el momento adecuado será capaz de pasar página sin ningún problema.

◆ **Actuar.** Numerosas actividades mantienen ocupada la mente y pueden evitar que piense en el cigarrillo. Son preferibles aquellas que requieren que se mueva. Una actividad sedentaria, aunque agradable y absorbente, como jugar con el ordenador o una partida de ajedrez, puede no servir en este caso. El movimiento del cuerpo en el espacio y su coordinación requieren una atención constante que no podría utilizarse de otro modo. Además, el trabajo muscular, al descargar la tensión interna acumulada con el *craving*, constituye una ayuda adicional durante la deshabituación. Pueden bastar algunos ejercicios de gimnasia, de bicicleta estática o caminar al aire libre. La actividad física es, sin duda, la distracción más saludable que puede realizar.

◆ **Reír.** El buen humor le facilitará el cambio que está llevando a cabo. Naturalmente no puede ser espontáneo en una circunstancia como esta. La tensión interna producida por el *craving* tiende a empeorar el estado de ánimo. Quien se siente decaído lo ve todo negro y el pesimismo lo embarga. Por este motivo es importante distraerse con algo divertido que alegre el ánimo y distraiga la atención. La diversión es una gran distracción. Puede leer algún libro agradable, escuchar buena música o dedicarse a su hobby preferido. El estado de ánimo también puede verse afectado por la posición del cuerpo. A menudo infravaloramos lo estrechamente relacionados que están el cuerpo y la mente, y cómo se influencian entre sí. Para recuperar el buen humor acostúmbrese a caminar sacando pecho y con la mirada alta. Cuando la mente está sumida en la depresión el cuerpo tiende a adoptar una posición recogida, con la cabeza gacha y los hombros encogidos. Haciendo que el cuerpo asuma la postura contraria contrarresta los estímulos que llegan de la mente. Así como el ánimo influye sobre la posición del cuerpo, también esta puede provocar cambios en aquel. Desde esta óptica, para resistir la tentación de fumar, puede experimentar la fuerza de la risa. Hágalo incluso sin motivo aparente, sonría de manera intensa y con convicción. Deje que su rostro sonría; si este lo hace su cuerpo también lo hará. Y la mente.

◆ **Escuchar.** Muchas personas desconocen que escuchar sirve para distraer el pensamiento. A través del oído nos llegan numerosas sorpresas, y estas forman parte de la distracción. Puede cerrar los ojos y dejar que su atención se centre en los ruidos y sonidos que le rodean. Incluso el silencio puede ser objeto de concentración y escucha. El silencio parece no ser nada, pero a pesar de ello comunica. Es cierto que no resulta sencillo adoptar este estado de atención; además, la sorpresa es algo imprevisible y no todos los sonidos sirven para reducir la tensión de la abstinencia. Algunos se perciben como molestos y no se adecuan a quien ya navega en aguas turbulentas. Las vibraciones sonoras positivas, en cambio, sea cual sea su origen, acarician el cerebro e inducen una sensación de relajación y bienestar. Una voz melodiosa o tranquilizadora puede atenuar incluso el *craving* más intenso. Vale la pena que se provea de sus sonidos calmantes y cuando el pensamiento en el cigarrillo se haga insistente se confíe a ellos. Seleccione entre sus músicas y canciones preferidas la que más le calme. Téngala siempre al alcance de la mano. Si, por suerte, conoce alguna persona que le infunda tranquilidad, no dude en llamarla en esos momentos y escuchar su voz.

◆ **Dialogar.** Cuando se sienta apresado por el *craving*, puede serle de gran ayuda hablar con alguien. No necesariamente debe ser alguien próximo o que posea una especial habilidad comunicativa. A veces incluso la conversación con un niño o con personas desconocidas puede aliviar la presión de una idea fija. Durante este diálogo evite hablar de su problema y preste atención al bienestar ajeno. Si constata la necesidad de animar a quien tiene delante, no dude en hacerlo. Ayudándolo a afrontar sus problemas facilitará la resolución del suyo propio. Este es uno de los principios básicos de la autoayuda. Cuanto más se concentre en el exterior, más se distraerá de las necesidades interiores. Sumérjase plenamente en el diálogo y, sobre todo, privilegie la relación cara a cara con su interlocutor. Tan sólo en el encuentro directo se desarrollan los múltiples aspectos de la comunicación y la atención se centra plenamente. Hablar por teléfono o chatear en el ordenador no es lo mismo.

LA RELAJACIÓN MUSCULAR

Afrontar el *craving* sin una adecuada preparación es una de las principales causas de fracaso al dejar de fumar. Durante las fases más críticas de la abstinencia es indispensable disponer de asideros donde agarrarse. Entre estos existe uno excepcional: la *relajación*. Esta técnica le permitirá aliviar los síntomas relacionados con la privación de nicotina. Es un entrenamiento mental que, una vez bien aprendido, siempre le resultará útil: para recuperar energías, aliviar tensiones, mejorar el autocontrol. Una buena relajación produce beneficios no sólo a la mente, sino también a todas las funciones vitales: respiratoria, cardiaca, neurológica o el metabolismo en general. Practicada con regularidad se convierte en un instrumento de bienestar auténticamente eficaz, que favorece también la práctica de otras habilidades como la autosugestión y la visualización.

● ¡Si quiere descubrir extraordinarias perlas preciosas, evite navegar en aguas turbias y agitadas! ●

Existen varios modos para relajarse: la capacidad para alcanzar un estado de calma y tranquilidad a través del pensamiento es algo subjetivo y personal.

Un método muy simple para iniciar la práctica de la relajación consiste en concentrarse sobre el propio cuerpo y aflojar progresivamente toda la musculatura. Veamos con detalle esta fácil técnica. En primer lugar, debe aislarse del ambiente circundante y encontrar un entorno tranquilo y confortable no demasiado luminoso y apartado de los ruidos. Adopte una posición cómoda (puede tumbarse sobre una cama o sentarse en un sillón), aflójese el cinturón, los zapatos o la ropa demasiado ajustada y procure no cruzar los brazos ni los dedos ni las piernas.

Cierre los ojos y respire normalmente, con calma. Concéntrese durante unos instantes en su respiración, sienta cómo se eleva y desciende el abdomen. Dialogue con su cuerpo del siguiente modo, como si fuese otra persona:

«Comenzamos la relajación. Fija la atención en la parte baja del cuerpo. Los músculos de tus pies se distienden y se relajan...

Nota la agradable sensación de pesadez que acompaña la distensión... Ahora se relajan los gemelos... Los muslos, tus muslos se distienden... se hacen cada vez más pesados...

»Concéntrate ahora en el abdomen... Tus músculos abdominales se relajan... Ahora los músculos del tórax se distienden... Ahora relaja la espalda comenzando por abajo y ascendiendo lentamente hacia lo alto... La espalda se distiende...

»Dirige el pensamiento hacia tus manos, relájalas... A continuación, los antebrazos se relajan... Distiende los brazos, relájalos... Ahora distiende los hombros... Advierte una agradable sensación de distensión a la altura de tus hombros... Esta beneficiosa sensación asciende hacia el cuello... Los músculos de tu cuello se relajan...

»Relaja a continuación la boca, distiéndela... Tus mejillas se relajan... Tus ojos se distienden... Tus párpados pesan... Relaja ahora la frente, deja que fluyan las tensiones de tu frente... Relaja por último la parte alta de la cabeza...

»Todo tu cuerpo está ahora completamente relajado... Respira profundamente... Ahora te sientes perfectamente a gusto... Una agradable sensación de distensión embarga tu cuerpo... Sientes una gran paz... Relájate más profundamente...

»Ahora puedes transitar por tu mente... Das un paso y te encuentras frente a un hermosísimo prado verde. Concéntrate en el prado, es una imagen placentera, que cada vez se hace más nítida, con más detalle, siempre más viva... Da otro paso. Ahora ves claramente el azul del cielo. Es un día estupendo... Un tercer paso. El sol calienta tu piel, siente el agradable calor de los rayos sobre tu cuerpo, te sientes feliz... Cuarto paso. Ves ahora claramente los miles de colores de las flores: el amarillo, el rojo, el azul... Quinto paso.

»Siente el aire puro que te rodea, el aire fresco, limpio, lo sientes sobre la piel, cómo penetra en los pulmones. Es una agradable sensación, siente la alegría de vivir... Tu cuerpo y tu mente están en perfecta armonía, en perfecto equilibrio...».

Cuando desee interrumpir la relajación debe hacerlo gradualmente, practicando algunas inspiraciones profundas y dejando discurrir los siguientes pensamientos: «Tus músculos recuperan gradualmente su tono, tu cuerpo regresa a la normalidad, cuando abras los ojos advertirás un agradable estado de calma y de bienestar». Por último, cuente lentamente hasta tres y abra los ojos.

No es indispensable saber de memoria el texto precedente, puede utilizar también una grabadora o concentrarse en las diferentes partes del cuerpo siguiendo el orden que prefiera.

Es importante mantener el adecuado equilibrio entre las frases en que debe responder a una orden («Relaja tus manos...») y las frases en que predomina la sugestión («Tus manos se relajan...»). La sensación de pesadez que acompaña la distensión, aunque no siempre se percibe la primera vez, indica un buen nivel de relajación.

No tenga prisa nunca al practicar este ejercicio. Proceda siempre lentamente, con calma. Tenga en cuenta que se necesitan unos veinte minutos para lograr una buena relajación. Intente encontrar cada día un momento para hacerlo. Antes de dormir es un momento adecuado, que, por otra parte, facilita el sueño y el descanso. Lo que cuenta es la constancia en la práctica; no se desanime si no constata pronto los resultados. Llegarán con seguridad.

ⅢⅢ➤ Tercer paso:
utilice nuevas estrategias

LA ISLA DEL TESORO

La exploración de su mundo interior le resulta cada vez más atractiva. Se está aproximando a la meta. La isla del tesoro se encuentra frente a usted. Para alcanzarla debe atravesar el mar, un lugar de paso frecuente en el que se esconden incógnitas, pero que también puede revelar capacidades.

Lea con atención este cuento y revívalo después mentalmente con los ojos cerrados. Colóquese en el lugar del protagonista y deje que afloren las sensaciones y emociones.

Anochece cuando llega a la orilla. Carga todavía un peso en la espalda, pero la vista del mar alivia su cansancio.
La inmensidad que se abre frente a sus ojos le causa placer.
Nuevos colores y sonidos enriquecen su viaje. Su meta está próxima, la ve en el horizonte: es la isla del tesoro, una imagen que llena su corazón de gozo... Una pequeña embarcación varada en la orilla parece aguardarle. Es una

barca especial que le espera desde hace tiempo. El mar
tranquilo le infunde coraje y, aunque está oscureciendo, se
embarca para alcanzar la meta. Rema vigorosamente y la
fatiga no le importa. Cuanto más se aleja de la orilla, más
ligero siente el peso que transporta... Tiene prisa por llegar, pero la travesía es más larga de lo que
imaginaba. Oscurece, y la isla que desea alcanzar ya no se ve.
La fatiga se deja sentir, y rema cada vez más lento. Se levanta
el viento y el mar comienza a agitarse. Las olas aumentan su
cansancio y tiene la sensación de no avanzar, de permanecer
en el mismo punto. Algunas dudas surgen en su mente.
Tiene la tentación de volver atrás, pero su barca resiste bien.
No quiere abandonar en este momento. Algo le impulsa a
continuar, a desafiar los peligros del mar, aunque esté en
medio de la oscuridad...
En un momento determinado la luz del faro rasga la
oscuridad. Alguien desde la isla le indica el camino que debe
seguir. Es el guardián del faro, alguien que conoce bien,
alguien que conoce mejor que a ningún otro, alguien que le
da la fuerza necesaria para continuar...

Compruebe el significado

La *travesía del mar* representa simbólicamente la deshabituación del tabaco. Las dificultades de esta aparecen representadas
por la *fatiga* al remar, por la agitación de las *olas* y por la *oscuridad*.
La *barca especial* es el método que está siguiendo para dejar de
fumar, un medio adecuado a sus fuerzas, que avanza gracias a su
voluntad: son sus propios brazos los que reman, no los de nin-

gún otro. El mar no es únicamente un obstáculo que debe superar, también es un lugar de descubrimiento. En la Antigüedad atravesar el mar equivalía a realizar una gran empresa. Dejar de fumar no es poca cosa: significa *desafiar* las propias capacidades, se necesita coraje, tenacidad y confianza.

La *isla del tesoro* es la metáfora de una realidad interior que todavía debe descubrir. Representa la salud que atesora la riqueza que está buscando. La *luz de un faro* es una señal artificial, es algo querido, expresa la conciencia individual frente al problema. Usted dispone de todos los elementos necesarios para encontrar el camino. El *guardián del faro* es usted mismo cuando enciende voluntariamente la luz que posee.

Algunos consejos

Diario: escriba, si no lo ha hecho hasta ahora, su programa ideal de reducción. Establezca día por día el número de cigarrillos que pretende eliminar. Recuerde escalonar bien las pausas. Describa también su programa ideal de distracciones: pensamientos alternativos, actividad física, diversiones, qué escuchará y con quién piensa hablar.

Fórmula mágica: «¡Lo lograré!». Repita diez veces esta frase lentamente. La primera vez dígala en voz alta. Repítala disminuyendo cada vez más el volumen hasta susurrarla. Practique este ejercicio tres veces al día.

Hábitos saludables: los síntomas de la abstinencia del tabaco no requieren ningún tratamiento con fármacos. Para calmar la agitación que acompaña una reducción demasiado rápida de la nicotina a veces se utilizan sedantes. Evite recurrir a estas sustancias, porque pueden causar adicción, y no tendría mucho sentido salir de una dependencia para caer en otra (en cualquier caso, es aconsejable, al utilizar cualquier fármaco, atenerse a la prescripción y las indicaciones del médico). Evite sustituir los cigarrillos por alcohol o café. A diferencia de lo que opinan algunos, no tienen ningún efecto sobre la abstinencia y pueden provocar daños al organismo si se consumen en exceso. La única recomendación indispensable es la de beber mucha agua, para favorecer la diuresis y acelerar la eliminación de la nicotina del organismo. Durante la fase más crítica de la deshabituación, si quiere distraerse con alguna ayuda externa, puede prepararse bebidas saludables (tisanas o infusiones), una buena manera de comenzar a cuidarse. Los productos naturales que puede utilizar para este fin son numerosos y le permiten dar rienda suelta a sus deseos. Por ejemplo, puede preparar tisanas con valeriana o espino albar para calmar los síntomas psíquicos de la abstinencia (ansiedad, irritabilidad, depresión), o con jengibre para los síntomas físicos. Esta conocida planta aromática de origen asiático posee interesantes efectos estimulantes y depurativos (facilita la eliminación de sustancias tóxicas, favorece la digestión, combate el cansancio, parece tener propiedades afrodisiacas y retrasa el envejecimiento).

Gimnasia mental: rememore tres momentos de su vida en los que haya superado con éxito obstáculos difíciles. Únalos formando un único episodio y repáselo mentalmente de inicio a fin, como si fuera una película. Active este pensamiento cada vez que quiera resistirse al tabaco. Si, a pesar de todo, la mano se le va al encendedor, contemple durante unos instantes la llama y plantéese la siguiente pregunta: «¿Qué estoy iluminando en este momento?».

Relación con el tabaco: continúe batiendo su propio récord personal de resistencia al cigarrillo. No dé más de cinco caladas a cada uno. Mantenga la confianza en su programa de reducción, eliminando primero los cigarrillos a los que le parezca más fácil renunciar. La deshabituación de la dependencia psicológica puede realizarse mejor aprendiendo a fragmentar la propia gestualidad. Por ejemplo, puede encender el mechero sin llevarse el cigarrillo a la boca o puede tener en la boca algo que se lo recuerde (un bastón de regaliz es perfecto). También resulta útil introducir elementos nuevos en la gestualidad, como cerrar el paquete de cigarrillos con un elástico bien apretado o tenerlo siempre en un cajón cerrado con llave. Una buena estrategia que ayuda a disociar el tabaco de los hábitos cotidianos consiste en olvidar voluntariamente en casa cigarrillos y mechero.

SEXTA ETAPA:
cambio

Nada en la vida es más emocionante y gratificante
que aquel imprevisto destello que le convierte
en una persona diferente, no sólo diferente, sino mejor.

(Arthur Gordon)

⮕ Punto de partida:
el patito feo

El patito feo hace algunos días que ha dejado de fumar. Ha necesitado algo de tiempo para poder hacerlo, pero finalmente ha alcanzado su sueño. Su mujer no pensaba que lo lograse. Siendo ella fumadora, ha estado poniendo en duda su capacidad, pero ahora debe aceptarlo. También en su lugar de trabajo están asombrados con este resultado y, ciertamente, ni siquiera él estaba seguro de conseguirlo. Pero tenía un gran deseo de dejarlo. Ya no se encontraba a gusto con el cigarrillo en la boca.

Ha intuido que la vida podría haberle dado mucho más si hubiese tenido el valor para romper esa cadena. Y finalmente lo ha hecho. Sin embargo, el patito feo no se siente todavía plenamente satisfecho. En algunos momentos del día le falta algo, siente un vacío en su interior y no sabe cómo llenarlo. No por ello cede a la tentación. Sabe que lo más importante ya está hecho y no quiere recaer. Ahora tan sólo debe tener algo de paciencia. Pronto se sentirá renacer y podrá alegrarse por su éxito. Mientras tanto, su mujer quiere imitarlo y ha comenzado a reducir los cigarrillos. Incluso le ha dicho que lo encuentra más guapo...

Se dice que cuando una persona deja de fumar cambia de vida, lo cual es totalmente cierto.

En el momento de dejar de fumar su vida se transforma. Existen todavía algunos detalles que deben puntualizarse para lograr el éxito pleno. ¡No se rinda en el mejor momento!

➠ Primer paso: analice su dependencia

¿ACABA TODO CON EL ÚLTIMO CIGARRILLO?

Salir de una trampa como esta y descubrir una nueva imagen de uno mismo, sin trabas, sin ataduras, sin la jaula de humo alrededor, es un gran cambio en el modo de vivir. Se percibe una realidad diferente, se advierte la agradable sensación de poseer algo nuevo en la relación con uno mismo y con los demás. Una mejora como esta no es nunca un hecho aislado. Es como lanzar una piedra al agua: en ese punto se forman ondas que se dilatan cada vez más y pueden llegar muy lejos. Dejando de fumar inicia una serie de reacciones en cadena que afectan no sólo a sus hábitos, sino también a sus pensamientos, a sus emociones y a sus relaciones. Pero ¿en qué momento exacto la piedra cae en el agua? ¿Cuándo comienza el cambio y, sobre todo, cuándo comienza a sentirse bien de verdad? Al dejar de fumar, algunas personas experimentan momentos de confusión y, de hecho, no perciben una gran satisfacción. Esto puede generar desánimo, cuando no una reconsideración, y de ahí a la recaída el paso es muy corto. Una vez terminada la deshabituación, todavía existen algunas pruebas que deben superarse: al perturbar de manera prolongada los mecanismos del placer se producen cambios importantes en el equilibrio que debe restablecerse. Prepárese cuidadosamente para las novedades que le esperan. Intente conocerlas con antelación y adquiera los comportamientos más adecuados para adaptarse sin problemas.

¡El mejor premio es sentirse más feliz cada día!

Un cambio de vida tan radical necesita algo de tiempo para mostrar sus beneficios y ser percibido en todo su esplendor. Por otra parte, hasta que no se advierte la gratificación, el cambio sigue siendo una incógnita. El tránsito hacia la nueva forma de vivir se produce mediante una fase de adaptación más o menos prolongada. Hay personas que la superan en un instante, mientras que otras necesitan tiempo. En cualquier caso, antes o después, todos alcanzan la satisfacción.

El último cigarrillo

El último cigarrillo representa, de hecho, la frontera entre el antes y el después. El cambio es un hecho real, no se trata de algo subjetivo o de una sensación, es algo concreto que comienza en un momento preciso: cuando definitivamente se deja de fumar. Mientras siga fumando, aunque sean sólo unos pocos cigarrillos cada día, mantiene vivos los tentáculos de la dependencia.

La nueva vida comienza en el instante mágico en que tiene la fuerza necesaria para arrancarse la espina del placer y apagar el último cigarrillo. ¿Ha decidido ya cuándo llegará este momento? ¿Está escrito en su plan de actuación?

No infravalore la importancia de esta decisión. Al programar este acto final se ahorra una buena dosis de estrés. Cada transformación de la vida, tanto positiva como negativa, se acompaña de una inevitable acumulación de tensión, debido al arduo trabajo de revisión interior requerido en esta circunstancia. Pero si esta transformación se programa con antelación, la tensión se reduce notablemente.

De este modo, en efecto, se manifiestan menos los componentes emocionales del estrés típicos de los cambios imprevistos e inesperados. ¿Por qué renunciar a esta ventaja?

En cuanto se desembarace del último fardo y desembarque en el nuevo planeta la primera prueba que deberá superar consistirá en *llenar el vacío*. El hábito del tabaco es en realidad un conjunto de hábitos. La vida del fumador está pautada por los cigarrillos. Hay quien fuma al despertarse, después de la comida o antes de un trabajo, en los descansos, al subir al coche, antes de dormir... Cuando se deja de fumar en todos estos momentos se manifiesta una sensación de vacío. Se trata de una sensación normal, dado que corresponde a un comportamiento que dura años, pero efectivamente es una sensación incómoda, como si se sintiera desplazado. El instinto más natural para colmar este vacío es poner algo en la boca, lo cual explica la tendencia a engordar de quien deja de fumar. En realidad, esta desagradable sensación de privación no dura demasiado (una o dos semanas como máximo), por lo que si se arma de paciencia, sin recurrir a caramelos y chocolatinas, puede confiar en que superará este periodo sin ninguna repercusión en su peso. Si no logra resistirse, siempre puede beber algún sorbo de agua, comer fruta o tener en la boca un bastón de regaliz. Es muy importante no acostumbrarse a comer dulces en los mismos momentos en que se fumaba: las dependencias psicológicas se sustituyen fácilmente unas con otras, eliminando el vacío, por una parte, pero creando un nuevo problema. Para aliviar la tensión también puede recurrir a la autosugestión: «El éxito que he alcanzado es tan grande que llena cada instante de mi vida». Tenga a punto siempre algún pensamiento positivo de urgencia. Con la mente puede llenar cualquier vacío.

La visión del tabaco

La segunda prueba que le espera durante esta fase es adaptarse a la visión del tabaco. La influencia negativa que ejerce quien fuma constituye una de las principales causas de recaída. En su entorno la gente continuará fumando indiferente, no se preocupará por la crítica situación en la que se encuentra. Ver un cigarrillo encendido, una bocanada de humo liberarse en el aire, un paquete de cigarrillos de su marca preferida o cualquier otra cosa que le recuerde su anterior relación con el tabaco puede situarle entre la espada y la pared. A veces los estímulos proceden de la percepción táctil u olfativa: tocar una colilla, oler un paquete de cigarrillos, percibir el humo en un bar... ¿Es posible no entrar en crisis frente a sugestiones de este tipo? En primer lugar, confíe: esta especial sensibilidad perceptiva dura poco. Siempre que sea posible intente evitar los momentos en que se vería puesto a prueba de manera intensa, pero si no puede eludirlos, prepárese para afrontarlos con seguridad. Intente imaginar las situaciones en que podría sentirse tentado (una cena con amigos, pasar frente a un estanco, una pausa en el trabajo...). Vívalos intensamente en su imaginación: resolver con antelación estos desafíos imaginarios le ayudará a no dejarse sorprender y a reaccionar de manera adecuada cuando se presenten en realidad. Recuerde que en su nueva relación con quien fuma es él quien está más en crisis que usted. Así, ha puesto en duda sus creencias, ha reducido el mal de muchos que a veces constituye el único apoyo para continuar fumando. Por tanto, no se asombre si los fumadores de su entorno prueban a tentarlo, quizá sin expresarlo de manera evidente o incluso inconscientemente sin quererlo. Preste mucha atención a lo que sucede a su alrededor y no ceda sin pestañear a la llamada de la selva.

El temor a haberse equivocado

Existe un último obstáculo que quizá deberá afrontar en esta delicada fase: el temor a haberse equivocado. Como ya se ha mencionado, cualquier cambio origina estrés. Cuando se deja de fumar la tensión comienza antes incluso que el cambio, continúa durante el mismo y en la fase de adaptación. Los síntomas característicos son el desasosiego (comerse las uñas, apretar los puños, chirriar los dientes, mesarse el cabello...), la alteración del estado de ánimo (sensación de incompetencia, de no poder lograrlo, temores injustificados, deseo de llorar); a veces también aparecen auténticos síntomas físicos: tensión muscular, dolor en el tórax, palpitaciones... Se trata de síntomas que no tienen nada que ver con la crisis de abstinencia y que se superan sin consecuencias una vez finalizada la fase de adaptación. La percepción de los mismos en el momento en que se dejan los cigarrillos puede crear la duda de haber cometido un error al tomar esa decisión. Un temor que puede consolidarse fácilmente si, por desgracia, se producen algunos contratiempos en el trabajo, en la familia o en la relación con los demás. Un mal día lo puede tener cualquiera, pero en un momento delicado como este puede representar el riesgo de una recaída. Lo mismo puede decirse si se presenta una enfermedad de improviso: «Cuando fumaba siempre me encontraba bien, y en cuanto lo he dejado, enfermo», o de los síntomas de recuperación funcional, como la poco conocida tos del ex fumador. La tos, como sucede con la fiebre o el dolor, es un mecanismo de defensa del organismo. En el sistema respiratorio del fumador el sistema de limpieza que protege de los agentes nocivos externos (microorganismos, polvo, sustancias químicas volátiles, etc.) funciona mal en la práctica, si no es que se ha anulado. Al eliminarse la irritación causada por el tabaco este sistema de limpieza vuelve a funcionar, produciendo gran cantidad de moco y expeliéndolo a través de la tos. Se trata, por tanto, de una tos beneficiosa que dura sólo algunos días y que sirve para limpiar los pulmones impregnados de alquitrán tras años de fumar. Un síntoma de este tipo no debe desanimarle, sino todo lo contrario.

El miedo a haberse equivocado generado por el estrés debe combatirse con energía. El principal peligro del estrés es que, una vez iniciado, se retroalimenta. Si no sale de este círculo vicioso, corre el riesgo de que el sufrimiento se prolongue. La mejor manera de deshacerse de este temor es reconocer que carece de fundamento. Dejar de fumar no es un error, lo equivocado, en cambio, es continuar fumando. No existe ninguna prueba científica que demuestre el menor peligro por dejar de fumar, pero existen miles de datos y experiencias que confirman sus beneficios. No se deje atrapar por este temor irracional, la trampa del tabaco también lo aprovecha. Si llega un día en el que todo parece salir mal, recuerde que el pensamiento positivo siempre es un buen aliado: «Hoy no es un gran día, pero no fumar es algo bueno que merece ser apreciado».

El miedo al error también puede no ser una consecuencia del estrés del cambio. La dependencia del tabaco se puede deber a múltiples causas: en algunas ocasiones es fruto de la necesidad de seguridad, en otras del bajo estado de ánimo o de una carencia afectiva. En estas situaciones de especial fragilidad el cigarrillo puede actuar a modo de compensación, insertándose en la forma de vida de la persona con un valor «terapéutico». Dejando de lado que en ninguno de estos casos es aconsejable recurrir al tabaco para resolver los problemas y que la intención de dejar de fumar es algo que debe probarse, queda el hecho de que en el momento en que se abandonan los cigarrillos estas dificultades personales pueden aflorar e inducir el temor a haberse equivocado. Si se encuentra en esta situación, convénzase de que no sirve de nada evitar los problemas ocultándose tras una nube de humo.

No haga como el avestruz que esconde la cabeza bajo la arena para no ser vista por el enemigo.

Ciertas debilidades deben afrontarse con valor en el momento adecuado (quizá con ayuda externa, si la necesita), ignorarlas sólo sirve para empeorar la situación. El tabaco no ha ayudado nunca a nadie.

Las pruebas mencionadas pueden haberle producido alguna perplejidad sobre el placer que se siente dejando de fumar. Deseche cualquier duda al respecto.

Dejar de fumar es muy gratificante, tan sólo debe superar la fase de adaptación; después la satisfacción se manifestará en toda su plenitud.

¿QUÉ ACTITUD FAVORECE EL CAMBIO?

Para ponerse en el lugar de quien no fuma no debe limitarse a acabar con los signos externos del fumador. *Valorar el futuro cambio* es posiblemente una de las actitudes más importantes que debe asumir antes de apagar el último cigarrillo. Debe considerar el objetivo que se ha marcado como una liberación y una victoria. No se trata de una renuncia ni, mucho menos, de un funeral. Mientras fume el último cigarrillo numerosos pensamientos vendrán inevitablemente a su mente. No deje lugar sólo para los de clausura. Con este acto no se cierra un capítulo de la vida, no finaliza una historia. Se da paso a algo nuevo, a algo maravilloso.

● **¡No cierre con rencor la puerta de su pasado sin abrir antes con entusiasmo la de su futuro!** ●

Déjese atrapar por el pensamiento positivo que emana de este cambio. Muchas personas ritualizan el momento de la separación del cigarrillo con determinados gestos (cortando el cigarrillo con las tijeras, lanzando el paquete a la basura, aplastándolo contra el suelo...). Son formas de trazar un límite simbólico con el pasado y exorcizar un poder superior que ha sojuzgado durante años su existencia. Con estos ritos de clausura se realza poco el paso hacia una nueva realidad. Quizá serían más adecuados en esas circunstancias los ritos festivos en los que se produce el reconocimiento del éxito, como la entrega de un premio.

Un regalo que hace tiempo que desea, un viaje de placer, un objeto precioso pueden representar recompensas adecuadas desde un punto de vista simbólico (aunque un simple brindis en familia puede bastar para dar valor al hecho).

Otra actitud que conviene adoptar en la fase de separación del cigarrillo es la *flexibilidad mental*. Cuando el árbol es flexible cede ante el fuerte viento; en cambio, si es rígido, se rompe o es arrancado de raíz. Al marcar los tiempos de sus hábitos el cigarrillo le hace más perezoso, le atrapa en la rutina y le impide aceptar las novedades. Romper un hábito como fumar en determinadas circunstancias puede ser una tarea ardua si falta flexibilidad. ¿Cómo puede desarrollarla? En primer lugar, entrenándose para cambiar. Introduciendo pequeñas variaciones en la vida cotidiana se prepara para afrontar mejor otras mayores. Si tiene la costumbre de sentarse en un lugar fijo en la mesa, pruebe a cambiarlo durante algún tiempo. Mirando la realidad desde un punto diferente cambian las percepciones. Si cada día recorre siempre el mismo trayecto, busque un camino alternativo. Introduciendo variaciones en los hábitos logrará que su comportamiento sea más flexible frente a la novedad. Otro sistema para mejorar la flexibilidad mental consiste en proyectar los cambios. Algunas personas son especialmente rígidas porque no desarrollan nunca proyectos vitales (relacionados con el trabajo, la casa, el tiempo libre, etc.). Son personas fundamentalmente cerradas, que en apariencia se contentan con su existencia, difícilmente modifican su opinión y tienden a rechazar cualquier idea innovadora. Su inmovilismo es un mecanismo de defensa:

tienen miedo a cambiar. No viva como estas personas esperando que otras decidan por ellas. Haga con frecuencia proyectos para su futuro, imagine nuevos objetivos tanto a corto como a largo plazo. Intente dar un giro, aunque sólo sea en la imaginación, a las cosas que no le gustan. Esto le ayudará no sólo a ser más flexible, sino también a lograr alguna mejora en su vida: las cosas cambian en el momento en que comienza a pensarse de un modo diferente. «No todo lo que se afronta puede cambiarse, pero nada puede cambiarse hasta que se afronta» (James Bolwin).

Otro tipo de comportamientos que ayuda a superar la separación del tabaco está estrechamente vinculado con la *recuperación de la justa medida del placer*. En el tabaquismo, como sucede en otras dependencias, el elemento clave en el origen de la enfermedad es el placer. Cada vez que se enciende un cigarrillo se llama a la puerta del placer sin saber que de este modo se alteran delicados equilibrios fisiológicos. El placer tiene funciones precisas en la economía general de la persona, no es una reserva inagotable a la que se pueda recurrir permanentemente. ¿Qué es en realidad el placer? ¿Cómo altera el tabaco su funcionamiento? Todo se desarrolla en el centro del cerebro donde se encuentra un grupo de neuronas especializado en producir este tipo de sensación. Dicho grupo de células forma el denominado *sistema de recompensa* (núcleo accumbens). Cuando se satisface una necesidad llegan señales moleculares a este sistema (el neurotransmisor en cuestión se llama *dopamina*), que le aportan una sensación gratificante. Sustancialmente recibe un premio porque ha hecho algo útil. Imagine cómo sería de anodina la existencia si no se sintiese alguna satisfacción después de alguna comida, de dormir bien o de haber alcanzado algún éxito en particular. ¿Qué sucedería si no sintiéramos placer en una relación sexual? ¿Cuáles serían los riesgos para la especie humana? El sistema de recompensa tiene fundamentalmente una función educativa sobre su comportamiento. Pero este sistema no es estimulado únicamente por las necesidades naturales (fisiológicas, psicológicas y sociales). El tabaco también puede hacerlo, tanto por acción directa de la nicotina sobre las neuronas que liberan dopamina como mediante los circuitos neurológicos, todavía no bien conocidos, que conducen a la dependencia psicológica (numerosos transmisores pueden provocar la liberación de dopamina sobre las neuronas: glutamato, acetilcolina, serotonina, endorfina...).

Es difícil establecer cuál de estas dos modalidades de estimulación del placer predomina. Sabemos que la acción directa de la nicotina sobre las neuronas que producen dopamina determina sólo un leve incremento de la sensación de placer, acompañado de un lento descenso de esta hasta que se aspira nuevamente el humo. Probablemente no se trata de un gran placer desde este punto de vista, pero sigue siendo algo deseable y, dado que la nicotina ejerce también otras acciones de refuerzo, como la mejora del estado de ánimo y de la capacidad cognitiva, este mínimo incremento de placer está siempre presente. (Recientes investigaciones —Daniel McGehee y otros— para explicar la persistencia del efecto placentero de la nicotina han conducido a la hipótesis de que la nicotina altera la relación entre glutamato y GABA, dos importantes neurotransmisores antagonistas entre sí, que regulan la estimulación y la atenuación de muchas actividades cerebrales: la nicotina, al hacer prevalecer la función estimuladora del glutamato sobre el núcleo accumbens, explicaría la persistente liberación de dopamina).

Para determinar la intensidad del placer inducido por el tabaco, es muy importante también la dependencia psicológica. La necesidad psíquica de fumar no sólo se alimenta continuamente con la sugestión visual del tabaco, sino que tiene raíces profundas en las más variadas debilidades de la personalidad. Que sea un placer el hecho de fumar porque lo hacen los demás o porque de este modo se descarga la tensión de encontrarse entre la gente todavía está por demostrar. En cualquier caso, la mínima, pero continua, estimulación del *sistema de recompensa* lo hace cada vez menos sensible, condicionando de este modo una progresiva reducción del placer. El umbral del placer se sitúa a un nivel más alto: se necesitan estímulos mayores para provocar sensaciones gratificantes. Es como si los premios entregados por este sistema de recompensa, sometido a una excesiva carga, disminuyesen de calidad. Esto repercute no tanto sobre las grandes alegrías de la vida, en las que seguirá encontrándose placer, como sobre las necesidades diarias, de las que proceden las pequeñas, pero indispensables, satisfacciones cotidianas. Al reducirse la sensibilidad del sistema de recompensa, la gratificación de las necesidades disminuye y, para reforzarla, se tiende a asociarla con el placer del tabaco. A partir de este momento nada resultará agradable sin el cigarrillo: tras un buen trabajo el cigarrillo es fundamental para sentir satisfacción, después de la comida es necesario para sentirse saciado, etc. Prácticamente se acaba fumando no sólo para aliviar la incipiente abstinencia, sino para conseguir las satisfacciones más habituales.

Este es en realidad el placer de quien fuma: el mismo e idéntico placer de quien no lo hace. Sólo que, además, existe un elemento imprescindible, el cigarrillo... Afortunadamente, al dejar de fumar las cosas vuelven a su cauce. Sin embargo, se requiere algún tiempo antes de que el sistema de recompensa vuelva a funcionar correctamente. En este trance pueden ayudarle algunas providenciales reglas de oro.

Las reglas de oro
1. Tenga paciencia
Para sentirse totalmente satisfecho con su nuevo estilo de vida no tendrá que esperar mucho. Aunque la paciencia no sea su fuerte, puede afrontar esta fase de transición con absoluta serenidad.

Tan sólo debe prestar algo de atención para no sustituir lo que elimina de sus hábitos por otras formas anómalas de placer. La necesidad de gratificar de algún modo sus necesidades puede hacerle caer en otra trampa. No sea impaciente, pero mantenga bajo observación sus necesidades: la paciencia no es una espera inactiva.

2. Elógiese a menudo

Cada minuto que pase lejos del tabaco merece un elogio. Dedicárselo a usted mismo en estas circunstancias no es signo de vanidad, sino un justo reconocimiento por un éxito y tiene gran valor como refuerzo. Abuse de ello tranquilamente.

3. Prométase que no volverá a caer en la trampa

Una promesa hecha a uno mismo es mucho más que una intención. Es un compromiso con la propia conciencia, una asunción de responsabilidad. Cuando se hace de corazón refuerza la voluntad.

4. Vigile sus pensamientos y sus palabras

No es fácil olvidar el cigarrillo. Reaparece a menudo en el pensamiento y a veces en los sueños. Pero no se preocupe, se trata de mecanismos normales para descargar la tensión que todavía acumula. Cada vez que aflore la idea del tabaco, aléjela con suavidad de su mente con un pensamiento gratificante: «¡Qué maravilla!, soy una persona que no fuma». No caiga en la trampa de la autosugestión: no añore su anterior estilo de vida, no haga bromas ni ironice sobre el tabaco. Expresiones como «Tengo ganas de fumar», «El tabaco me gusta» o «Me falta el cigarrillo» son frases peligrosas que perturban su cambio inestabilizándolo. Aunque le vengan a la mente, evite pronunciarlas.

5. Reeduque su sentido del placer

En las personas que dejan de fumar el placer debe reeducarse como un niño que ha crecido en la jungla. Es necesario comenzar por el *placer básico, el sensorial*: el placer de una caricia, de un alimento sabroso, de un perfume embriagador. Las gratificaciones vinculadas a los sentidos, aun siendo fugaces, representan momentos de regeneración cotidiana. Infunden buen humor y alegría de vivir, rompiendo el ritmo, a veces exagerado, al que sometemos a nuestro cuerpo y a nuestra mente. En la experiencia del fumador el placer sensorial se ve relegado, ya sea porque en algunos casos la percepción misma resulta alterada (por ejemplo, gusto y olfato), ya sea porque la búsqueda del placer tiende a orientarse de manera casi exclusiva hacia el cigarrillo. Reapropiarse de la natural tendencia a estimular positivamente los sentidos significa conceder valor a la corporeidad y al amor propio. Tras el último cigarrillo, para acelerar el cambio, puede ser de ayuda una actitud de búsqueda de placer sensorial (en el «Segundo paso» encontrará algunas indicaciones interesantes).

Igualmente es conveniente reconstruir el *placer mental*. Con este término se entiende el sentido de gratificación unido a la satisfacción de las necesidades (puede ser el placer por haber comido bien, por haber realizado un trabajo, por encontrarse a un buen amigo, etc.). Normalmente esta sensación no se vincula sólo con el hecho inmediato, sino también con el deseo de satisfacer la necesidad, con su realización futura: a veces es más gratificante el trabajo mental que sostiene el proyecto de un placer que no este en sí mismo. De este modo el placer da la sensación de durar más tiempo, por cuanto al anticiparlo se proyecta en el futuro. Establecer la medida del placer puede ser muy importante para la armonía interna del individuo. Puede contribuir a superar los momentos difíciles, a recargar las pilas, a dar un sentido a la propia vida. En las personas que fuman el placer mental se vive sobre todo en presente, aquí y ahora, mientras que su proyección futura se ve muy debilitada. El tabaco cataliza cualquier deseo y también se le atribuye la tarea de dilatar en el tiempo la fugacidad del placer inmediato. La mente ya no es responsable de la medida del placer y este se convierte en un simple resorte en manos de la dependencia. Al dejar de fumar nos encontramos de improviso sin ningún planificador del placer, ni el tabaco ni la mente (esta, tras años de sometimiento, necesita algo de tiempo para recuperarse). Esto puede desorientar si no se está preparado. Un buen método consiste en adoptar una actitud contemplativa respecto a los actos que se realizan. El placer puede encontrarse en cualquier acción, si no predomina un estilo de vida marcado por la prisa y el ahorro de tiempo. Basta con rebajar algo el ritmo personal para tomar conciencia de lo que se está haciendo y obtener un sentimiento de gratificación.

Desde este punto de vista incluso resistir a la tentación de fumar se convierte en un placer: el placer de no fumar.

ⅢⅢ➤ Segundo paso: desarrolle sus recursos

CALMA Y AUTOCONTROL

El cambio que le espera puede verse influido no sólo por su actitud, sino también por su carácter. No todas las personas reaccionan del mismo modo cuando dejan de fumar. Los cambios se ven facilitados en especial por una cualidad del carácter: la *calma*. Si por fortuna la posee, la separación del cigarrillo le resultará menos problemática. La calma, por otro lado, puede ser cultivada por cualquiera, no es un don de la naturaleza. El carácter está forjado por la experiencia y, si en algún punto lo considera defectuoso, siempre puede mejorarlo. «Los gestos y el semblante tranquilos son signo evidente de una educación refinada» (Oliver Wendell Holmes). Pero ¿qué es en realidad la calma?

Podemos definirla como la capacidad para vivir el presente con serenidad, para mantener los pies en el suelo, para no dejarse arrastrar por los hechos. Es una sensación de paz interior muy rara en la actualidad, víctimas como somos de un ritmo de vida siempre frenético y penoso. Sin embargo, levantar de vez en cuando el pie del acelerador resulta esencial para mantener la salud y apreciar las alegrías de la vida. En el momento que deja de fumar la necesidad de tranquilidad se intensifica. Ya no tiene el cigarrillo que le ofrece momentáneos periodos de calma artificial, le falta una válvula de escape. ¿Cómo puede lograr pues la calma en el momento en que más la necesita?

> ¡Cuando en el corazón se desata la tempestad, deténgase y espere el regreso del sol!

El *autocontrol* es quizás el mejor recurso para calmar el carácter en un momento como este. Cuando se está preso de las emociones y los sucesos estresantes, el comportamiento se vuelve instintivo e imprevisible. Esto se debe a la falta de autocontrol. Los riesgos para la salud y para las relaciones sociales debidos a estos momentos de ofuscación mental son altos. Quien posee un buen autocontrol, en cambio, logra contener sus reacciones, domar sus emociones y actuar juiciosamente en cualquier circunstancia. No es fácil valorar y orientar las propias acciones antes de llevarlas a cabo, pero quien posee esta cualidad sabe qué quiere de la vida. Sabe que puede contar con un vigilante personal siempre atento a sus propios actos, que deja pasar sólo los adecuados y bloquea los demás. ¿Sabe usted qué quiere de la vida? ¿Funciona su autocontrol? A menudo quien fuma no posee un buen autocontrol y esto puede considerarse un signo de advertencia: así como realiza la acción de fumar, también puede llevar a cabo otras acciones nocivas.

El cambio que está realizando le lleva a considerar nuevos aspectos de su persona, a conocerse mejor y quizás a hacer algo de autocrítica, algo muy útil, por otra parte, para mejorar y aprovechar sus potencialidades, como el autocontrol. Prácticamente todos tenemos la posibilidad de ejercerlo, pero son pocos quienes lo utilizan adecuadamente. Una persona con autocontrol es capaz en cualquier situación, crítica o no, de detenerse antes de actuar y pensar en lo que debe hacer, lo cual es muy conveniente. En primer lugar, se desarrolla una gran confianza en uno mismo: saber que no se está a merced del viento y que se sostienen firmemente las riendas del destino anima. Pero lo mejor de todo es que el autocontrol, indirectamente, favorece un buen trato con los demás, una mejor relación con el mundo. Cuidar las relaciones, comunicar ideas y emociones de manera adecuada y actuar con responsabilidad difunden en su entorno confianza, credibilidad, respeto y cariño. Para poseer un buen autocontrol se necesita algo de tiempo, no se logra en pocos días. En realidad sería necesario conseguirlo en la infancia, lo cual sucede en pocas ocasiones. Más bien pasa lo contrario, se aprende precozmente la pérdida del control: cuando la madre le grita al niño en la cuna para que deje de llorar, le enseña de hecho a usar el instinto y la emotividad como primera respuesta en las relaciones. Probablemente si usted hubiese tenido un buen autocontrol no habría aprendido a fumar. La falta del mismo no sólo le hace más vulnerable a la tentación del tabaco, sino que puede condicionar en gran medida la evolución de su dependencia, haciéndola más tenaz, vinculante y difícil de resolver. Si le cuesta mucho dejarlo significa que su autocontrol es muy bajo y que antes que cualquier otra cosa es necesario que se dedique a recuperarlo. Sin este paso preliminar la separación del cigarrillo puede convertirse en una tarea ardua. Después de apagar el último cigarrillo resulta fundamental potenciar el autocontrol. Por un lado, este refuerza sus defensas y le ayuda a no recaer precozmente, y, por otro, al acostumbrarse a frenar impulsos y emociones, logra que su carácter sea más tranquilo y distendido.

¿Cómo puede desarrollarse el pleno control de uno mismo?

Las técnicas que pueden utilizarse son múltiples. Aquí se indicarán sólo algunas de las más reconocidas (los largos listados de nombres no enseñan nada; si le resulta familiar alguna otra técnica utilícela sin problemas).

La relajación muscular

Entrenando a la mente para influir sobre el cuerpo y viceversa refuerza el equilibrio interior (entendido como perfecta armonía entre mente y cuerpo) y, en consecuencia, el autocontrol. Obviamente para obtener resultados debe aplicar este método con continuidad.

La respiración consciente

Respirar siendo consciente de hacerlo influye positivamente sobre el equilibrio interno y el autocontrol. La respiración está muy vinculada con el estado mental: cuando la mente está agitada la respiración se altera, mientras que si la mente está tranquila también lo será el modo de respirar.

Durante el día, busque de vez en cuando tiempo para observar cómo está respirando: una respiración inadecuada o superficial puede incidir negativamente sobre su bienestar físico y la frescura de sus pensamientos. Realizar dos o tres veces al día ejercicios de respiración consciente es una sana costumbre y genera una sorprendente capacidad de autocontrol. Elija un lugar tranquilo, adopte una posición cómoda y concéntrese en su respiración: respire lenta y profundamente unas veinte veces (es importante sentir que el abdomen se eleva); mientras inspira y espira siga mentalmente el aire que entra y sale de su cuerpo.

La visualización

Debe engañar a su inconsciente haciendo que se adapte a la imagen no real de que usted es una persona dotada de gran autocontrol (el inconsciente no distingue entre realidad e imaginación). Evoque mentalmente a menudo esta imagen de persona responsable, equilibrada y reflexiva. Asuma con placer la representación de este personaje.

La conciencia emotiva

Aprender a reconocer las emociones, modularlas y dirigirlas con sentido constructivo es muy importante para aumentar el autocontrol. Esto no significa que deba anular sus sentimientos, lo cual además es imposible, sino que debe ser capaz de controlarlos y expresarlos de manera apropiada. Cada vez que experimente una emoción intente identificarla con el nombre adecuado (rabia, miedo, tristeza, alegría...), evalúe la intensidad, tome conciencia de su forma de reaccionar (esconderse, elevar la voz, enrojecer, apretar los puños...).

Para valorar el tipo de emoción también puede servirse de la frecuencia cardiaca: más de diez latidos por minuto por encima de su valor normal (que se obtiene al contar las pulsaciones en estado de calma) son muestra de una gran intensidad emocional. Es importante que consiga reconocer cuándo una emoción es inadecuada. Las emociones sin control son como barcos sin timón: le llevan a la deriva. Tienen una función muy precisa en el mantenimiento del equilibrio, nunca son inútiles, sin embargo, en determinadas circunstancias pueden resultar contraproducentes, en particular cuando son desproporcionadas respecto al estímulo que las ha generado (elevada intensidad, duración excesiva) o si repercuten de manera exagerada sobre su actividad y sus relaciones. En estos casos debe dedicarse en primer lugar a prevenirlas, intentando evitar las causas que las desencadenan, y en una segunda fase debe aprender a contenerlas, frenando los excesos para hacerlas aceptables. Para lograrlo puede utilizar estrategias como:

◆ la **distracción**: pensando en otra cosa se rompe la cadena de pensamientos que alimenta la sobrecarga emocional;

◆ la **autocrítica**: cuestionarse es a menudo el único modo de frenar las emociones vinculadas con las inseguridades y dificultades (la necesidad de separarnos de una debilidad nos puede llevar a proyectarla sobre los demás para poder atacarla y desacreditarla con más facilidad);

◆ el **retraso de la explosión**: la intensidad de las emociones y la posibilidad de controlarlas depende en gran medida de la capacidad para retrasar su aparición. Un simple ejercicio puede ayudarle: antes de reaccionar, cuando le asalte una emoción, cuente hasta tres, respire profundamente y piense en la palabra autocontrol.

Autoexamen

Al finalizar cada jornada dedique un breve espacio de tiempo a analizar el comportamiento y el estado de ánimo que ha tenido. En especial debe identificar y analizar los momentos en que le ha parecido perder el control de la situación. No se detenga sólo en las acciones y en las relaciones, sino también en los pensamientos negativos y en los cambios de humor.

Intente comprender las causas de estas reacciones, si son justificadas, si dependen más de usted mismo o del ambiente que le rodea. Puntúe de uno a diez su capacidad de autocontrol. Realizar estas reflexiones diariamente no supone una pérdida de tiempo, significa colocar las bases para afrontar el día siguiente relajado, con calma y tranquilidad.

LA EDUCACIÓN SENSORIAL

Otra estrategia eficaz para alcanzar la calma consiste en la educación de los sentidos. Los órganos sensoriales son nuestro punto de contacto con el exterior, representan nuestras ventanas al mundo. Se trata de órganos especializados en la recepción de diferentes formas de energía (luminosa, acústica, mecánica, química) y en su transformación en estímulos nerviosos. A través de ellos recibimos miríadas de informaciones, que una vez elaboradas en el cerebro nos permiten adaptarnos a la realidad que nos circunda. Son medios de inestimable valor, sin los cuales la vida sería prácticamente imposible. Incluso la falta de uno de ellos altera la percepción del mundo e impide apreciar todas sus maravillas. Imagine la dificultad de una persona que es invidente: sus problemas de adaptación pueden darle una idea de la importancia que tiene la vista. Lo mismo sucede con los otros sentidos. Sin embargo, no siempre se cuida este patrimonio, sólo nos acordamos cuando faltan o son defectuosos. El fumador no tiene una gran educación sensorial. Todos los sentidos son maltratados por el tabaco. En primer lugar, el gusto y el olfato, por la directa y continua acción irritante sobre las mucosas, pero también los demás órganos se degradan progresivamente a causa de la reducida oxigenación de los tejidos. El tabaco reduce el sentido de la vista, el oído y el tacto.

Pero no sólo esto. La dependencia del tabaco produce un efecto colateral sobre los sentidos. Indirectamente lleva a desatender una de las principales funciones de estos órganos: la de mantener el buen estado de ánimo. Este se alimenta con los estímulos placenteros recogidos por los órganos de los sentidos. Los pequeños placeres de la vida no son tan pequeños en realidad; desempeñan un destacado papel contra la angustia vital y la depresión. Al centrar en el cigarro, de manera exclusiva, la obtención de gratificación, en la práctica sus sentidos pierden sensibilidad frente al placer. Estos son dinámicos, están en continua evolución, tienden a modificarse en función de los estímulos que reciben. Algo similar a lo que ocurre con los músculos: cuando se utilizan mejoran sus prestaciones, mientras que si se dejan inactivos se atrofian. Hay algunas personas que, por motivos de constitución o de actitud, utilizan preferentemente algunos sentidos, desarrollándolos notablemente (es clásico el ejemplo de los catadores de vinos). Del mismo modo, cuando un sentido falta o está muy debilitado, los otros suplen en parte su función amplificando las suyas. El invidente, por ejemplo, afina su sensibilidad táctil, auditiva, olfativa y gustativa, logrando de este modo, a pesar de la falta de visión, representarse de manera satisfactoria la realidad circundante. La naturaleza no es tan cruel como para negar a un ser vivo el placer de vivir. «No es necesario ver para mirar lejos» (lema de la experiencia multisensorial «Diálogo en la oscuridad», de Andreas Heinecke).

La potenciación de los sentidos ocurre de manera espontánea, sin percibirla, pero si se desea, es posible incrementar de manera intencionada la capacidad sensitiva. Existe, por tanto, la posibilidad de educar los sentidos, de entrenarlos de manera específica en determinados aspectos. Durante la fase de cambio, centrar la atención en la calma y el placer puede ser un modo perfecto para acostumbrarse a vivir sin tabaco.

¡Abra sus ventanas al mundo y deje entrar la felicidad!

A continuación se ofrecen algunas sugerencias que pretenden despertar su fantasía sensorial y estimularle en la búsqueda de nuevas sensaciones.

Calma y placer a través de la vista

Lo primero que debe hacer para educar en la calma a este sentido consiste en cerrar los ojos. Mirar la nada con los ojos cerrados, aunque sólo sea durante unos minutos, puede ser una experiencia extremadamente relajante. No se sorprenda. La información de carácter sensorial que percibimos a través de los ojos constituye por sí sola más de la mitad de la carga de impulsos nerviosos que llegan al cerebro desde los sentidos. En ocasiones es precisamente el exceso de estímulos el que obstaculiza la obtención de tranquilidad. Apagar la luz de vez en cuando puede ser beneficioso, sobre todo si la mirada se detiene instintiva e insistentemente sobre fumadores, paquetes de cigarrillos, mecheros, etc.

Algunos estímulos visuales tienen un efecto relajante, como por ejemplo el *color azul*. Los colores forman parte de nuestra vida, rompen la monotonía de un ambiente en blanco y negro, reavivan con su presencia nuestras emociones y sentimientos. Sin duda, influyen directamente sobre la psique. El color azul tiene un efecto protector y tranquilizador. En la psicología de los colores corresponde a la persona equilibrada y satisfecha, representa simbólicamente la profundidad y la inmensidad (del mar, del cielo, del alma). No dude en elegir el azul, en todos sus tonos, para la decoración de su casa, para su vestuario, para los objetos que le rodeen, y deje que el valor terapéutico de este color actúe sobre usted.

La relajación a través de la vista puede lograrse también observando el *movimiento lento* de objetos o seres vivientes. Las escenas de la vida cotidiana, cuya acción es muy lenta u oscila rítmicamente, suscitan una agradable sensación de calma: una mecedora, una hoja que cae lentamente de un árbol, una barca en el horizonte, un copo de nieve... Es necesario algo de práctica para aislar estos movimientos de su contexto, pero, una vez que haya aprendido a captarlos, podrá dejarse acunar por ellos.

Los estímulos visuales gratificantes (adecuados para reeducar el placer) son los que permiten percibir la sensación de belleza. Aun siendo subjetivo este concepto, es bello todo aquello que al ser observado produce una emoción positiva:

una flor, un paisaje, una obra de arte, el rostro de una persona... Las sensaciones placenteras que son captadas por los ojos también tienen un maravilloso efecto relajante. «Belleza y tranquilidad forman una pareja ideal para alcanzar la paz interior» (Brian Luke Seaward).

Busque en su mundo afectivo los estímulos que más le plazcan y contémplelos: ¿cuándo fue la última vez que sus ojos admiraron algo realmente bello?

Calma y placer a través del oído

Se trata de un sentido que, aun siendo menos apremiante que el anterior, puede resultar más molesto. No son pocas las vibraciones sonoras incómodas que nos llegan sin que podamos hacer nada por impedirlo. El primer paso para educar este sentido en la tranquilidad consiste en crear un vacío de ruidos a su alrededor y sumergirse en el silencio total durante un mínimo de diez minutos. En determinados momentos el sonido del silencio es realmente la única cosa que es necesario oír. Afortunadamente, existen muchos estímulos sonoros relajantes. Uno de ellos es la *voz*. Una voz suave, tranquila y reconfortante eleva el espíritu y puede apaciguar la emoción más ardiente. Busque esta voz en su entorno y escúchela. Recuerde que la percepción del tabaco no pasa a través del oído, sino a través de la voz del fumador. Elija con cuidado aquella en la que confiar y, si le cuesta encontrarla, aprenda a escuchar la suya. Module el timbre, dele expresividad y transmita a sus oídos vibraciones de paz y tranquilidad.

También los *sonidos de la naturaleza* son estímulos acústicos que infunden una gran sensación de calma. El murmullo de las hojas, el gorjeo de los pájaros, las olas del mar y el rumor de la lluvia tienen la capacidad de relajar, basta tan sólo con tener los oídos atentos para recoger estos maravillosos sonidos. Cada vez que la naturaleza le hable cierre los ojos y deje que la alegría le embargue.

Las vibraciones sonoras que producen un efecto más gratificante tienen su origen en la *música*. Puede hallar innumerables sensaciones placenteras en todo tipo de música, desde simples cancioncillas hasta las más complejas obras orquestales. La música representa la expresión más sublime de la comunicación humana. Sus beneficiosas propiedades se conocen desde la Antigüedad: «La mejor educación surge de la música porque la armonía y el ritmo penetran en lo más profundo del alma y se apoderan de ella otorgando a su poseedor sabiduría y razón» (Platón). El concepto de música agradable es muy subjetivo: una armonía puede estimular en el estado de ánimo respuestas muy diferentes, a veces incluso opuestas. Según sus gustos, tenga siempre al alcance de la mano la música que prefiera y escúchela.

Calma y placer a través del olfato

El olfato es uno de los sentidos más elementales. En muchas especies animales, gracias a su especial desarrollo, resulta esencial para la supervivencia: permite la búsqueda de alimento, advierte de la presencia de predadores, favorece el apareamiento. Un ratón ciego o sordo consigue encontrar comida gracias a su olfato, pero si le faltase este sentido, moriría de hambre porque no lograría identificar el alimento.

El hombre, en el curso de la evolución, ha ido descuidando este prodigioso sentido y en la actualidad es uno de los menos utilizados. El olfato tiene una particularidad que lo distingue de los demás: los estímulos olorosos son procesados inmediatamente por el cerebro y originan respuestas instintivas rapidísimas. La mucosa olfativa está estrechamente relacionada con las áreas cerebrales que almacenan las emociones. Perfumes y olores nos provocan reacciones de placer o disgusto, antes incluso de que nuestra conciencia pueda recordar dónde los habíamos percibido. Esta estrecha interacción estímulo oloroso-emoción, muy útil para la supervivencia animal, resulta crítica para quien quiere dejar de fumar. El tabaco no sólo ha dañado su olfato, impidiéndole apreciar las innumerables fragancias que le rodean, sino que ha marcado con su acre olor sus experiencias relajantes y gratificantes. De este modo, durante la fase del cambio, la percepción de dichos olores de forma subliminal (en lugares cerrados, en la ropa, las manos o el aliento de quien fuma) despierta inconscientemente emociones positivas desestabilizadoras, a las que no siempre es fácil resistirse. De aquí que, para dejar de fumar y redescubrir las auténticas fragancias de la tranquilidad y el placer, sea necesario mantenerse lo más lejos posible del tabaco (y de los fumadores).

¿Cómo se puede distinguir los estímulos olfativos relajantes y gratificantes entre los más de diez mil que somos capaces de reconocer? Podemos utilizar la memoria olfativa: en el curso de la vida habrá acumulado muchísimos recuerdos olorosos y seguramente algunos de estos le traerán a la memoria momentos de relajación y felicidad. Estos estímulos son los que debe utilizar para ejercitar su olfato. Recuperar aromas de antaño, todavía no contaminados por el tabaco, puede resultar difícil. Si su memoria olfativa es débil, no se desanime, en la inmensa enciclopedia de los olores las sugerencias no faltarán. Para educar su olfato en la calma puede sumergirse en las fragancias del aire evocadoras de vacaciones o renovación: el aire del mar o de los pinos, el olor de la hierba recién cortada, de la ropa recién lavada; puede relajarse con el perfume suave y tranquilizante de flores como la lavanda, la gardenia o el muguete; o puede aromatizar sus espacios vitales con la mágica exhalación del incienso y los aceites esenciales relajantes (vainilla, sándalo, jazmín).

En la búsqueda de estímulos gratificantes la elección también es muy amplia. La liberación de las moléculas del placer a través del olfato, como sucede con los otros sentidos, es muy subjetiva y personal. Para hacer los ejercicios elija perfumes que asocie con hechos significativos de sus vivencias, con personas a las que quiere, con los alimentos y las bebidas que prefiere. Son los aromas de su esfera afectiva: acérquelos a su nariz con un toque de pasión y déjese embriagar.

Calma y placer a través del gusto

Al igual que el olfato, el gusto es un sentido muy castigado al fumar. Con este hábito se sacrifica no tanto el *sabor* de la comida (dulce, amargo, salado o ácido) como su *aroma*, el auténtico gusto de cualquier alimento. Este se debe a las moléculas olorosas, liberadas por la masticación y la salivación, que alcanzan la mucosa olfativa por vía retronasal (el aroma es algo distinto del olor propio del alimento: este llega al olfato desde el exterior y puede mostrar diferencias importantes respecto al primero). Dicho de otro modo, el fumador puede percibir, por ejemplo, el sabor dulce de un caramelo, pero le puede costar distinguir entre el gusto a fresa o a fresón. El tabaco altera la apreciación del gusto de dos formas: por una parte, las sustancias irritantes que contiene actúan directamente sobre las células sensoriales (papilas gustativas y células olfativas) reduciendo su capacidad, y, por otra, al atravesar la boca, se genera un aroma especialmente intenso, debido a los albuminoides y a las resinas del tabaco que permanecen durante mucho tiempo en la cavidad bucal y enmascaran otros aromas. La sensación acre y amarga que el tabaco deja en la boca impide saborear plenamente los alimentos. Al perturbar este sentido no sólo pierde la capacidad para reconocer y apreciar manjares deliciosos, sino que se priva también de una fuente impagable para restaurar su equilibrio y mejorar su estado de ánimo. ¿Cómo se puede recuperar un bien tan preciado una vez que se abandona el tabaco? La respuesta a esa pregunta no se halla tanto en determinados estímulos sensoriales como en algunos cambios en su forma de actuar.

La primera regla consiste en *revalorizar* el momento de la comida. La relación con el alimento manifiesta la armonía con las propias funciones vitales. Expresa el cuidado y el respeto de uno mismo. Cuando se come rápidamente, sin prestar atención a lo que se ingiere, al entorno o a las personas con las que se comparte, quiere decir que en esta acción fisiológica no se reconoce más que la simple función de satisfacer el apetito. Comer no se debe convertir en una obligación ritual, ni tampoco debe inducir temores infundados: el miedo a engordar, a perjudicar la salud o a perder el tiempo transforma a menudo la comida en un motivo de conflicto interior y de estrés. En estas situaciones el sentido del gusto no puede ofrecerle las sensaciones más tranquilizadoras. Conceder valor a este momento significa recuperar la atmósfera adecuada y concederse de vez en cuando algo especial. No hay nada mejor que una mesa bien provista para hacer las paces con el cuerpo y la mente. Recupere la magia de este momento y dispondrá de una fuente incomparable de reposo y satisfacción.

Otra regla consiste en entrar en sintonía con los sabores de lo que se ingiere. Muchas personas no son conscientes cuando comen: están tan enfrascadas en la conversación o en pensar en otras cosas que se olvidan del aspecto más delicado y a menudo agradable de la alimentación: la *degustación*. Posiblemente merecería más atención y debería comenzar antes de comer: observe con detenimiento los alimentos que le han servido, valore el aspecto, la consistencia, la temperatura y el olor. La implicación de los otros sentidos en la apreciación de los alimentos es un hecho instintivo, no lo reprima. Cuando mastique, hágalo lentamente, establezca un contacto físico con el alimento, no lo ingiera con prisas, deje el tiempo necesario para que sus papilas gustativas perciban los sabores y para que los aromas se liberen completamente. Si puede cerrar los ojos durante algunos instantes, el efecto será completo.

Por último, intente *buscar* a menudo nuevos sabores. En la mesa es necesario combatir la monotonía y la esclavitud de los propios hábitos. Limitarse únicamente a un tipo de alimentos, a veces en exceso, es una renuncia imperdonable al placer y al bienestar. No permita que su gusto se vuelva perezoso, despierte la fantasía y viaje con pasión al delicioso mundo de los sabores: «El descubrimiento de un nuevo plato contribuye más a la felicidad del género humano que el de una nueva estrella» (Jean Anthelme Brillant-Savarin).

Calma y placer a través del tacto

El tacto es el primer sentido que se desarrolla en el embrión humano y a través de él, en el nacimiento, se experimentan las primeras relaciones de afecto. El contacto físico de la madre durante los primeros días de vida mediante caricias, masajes y besos es indispensable para el sano desarrollo emocional y de comportamiento del recién nacido. En este preludio sensorial se evidencia el extraordinario poder comunicador, explorador y protector de este sentido. El órgano que lo acoge, la piel, es, por su extensión, el más grande del cuerpo humano. Cada centímetro cuadrado de piel contiene miles de receptores sensoriales que captan diferentes tipos de sensaciones: táctiles, de presión, térmicas y dolorosas.

Otras sensaciones se deben a la acción combinada de varios receptores: aspereza, cosquilleo, viscosidad, finura, picor, vibración (lo que comúnmente se entiende como sentido del tacto debería definirse más apropiadamente como sensibilidad general cutánea o exteroceptiva).

El tabaco, al reducir la oxigenación de los tejidos, afecta también a este sentido, empobrece con el tiempo sus múltiples funciones y lo somete, quizá más que a los otros, a las imperativas leyes de la dependencia. La típica gestualidad vinculada al tabaco obtiene gran parte de su fuerza condicionante de la estrecha asociación entre el placer del tabaco y las percepciones táctiles inducidas por la manipulación del cigarrillo y de su posición en los labios (no es casualidad que los dedos de las manos y los labios sean las partes del cuerpo que disponen de más receptores táctiles). Al reeducar en la calma y el placer el sentido del tacto se eliminan los últimos restos de la dependencia psicológica.

Entre los estímulos más relajantes para este sentido se encuentra el *contacto con el agua*. El agua es el elemento vital por excelencia y sumergiéndose en ella el cuerpo regresa simbólicamente al seno materno. Para lograr el sosiego en el entorno acuático puede recurrir a múltiples experiencias: baño tonificante con sales minerales, hidromasaje, ducha de lluvia con agua termal o marina, movimientos suaves en la piscina...

Otro estímulo que induce calma es la *exposición al sol*. Con el debido cuidado y sin exagerar, la radiación solar es uno de los sedantes más genuinos que la naturaleza puede ofrecer. El calen-

tamiento de la piel estimula la circulación sanguínea, disten-
diendo músculos y nervios. El efecto relajante es mayor cuando
el calor se asocia con la humedad: al dejarse acariciar por los
rayos del sol busque la proximidad del agua y si no le gusta el
sol, puede probar, como alternativa, el calor húmedo de una
sauna regeneradora.

Un último estímulo relajante que puede transmitirse a través
del tacto es el *masaje*. Constituye el mejor remedio contra la tensión muscular, síntoma de estrés por antonomasia (el masaje
actúa sobre la sensibilidad cutánea y a más profundidad sobre
la sensibilidad propioceptiva, cuyos receptores, situados en los
músculos, tendones y articulaciones, informan sobre la posición
del cuerpo y sus movimientos). Existen diferentes técnicas para
manipular la piel y los músculos (masaje clásico, *shiatsu*, drenaje
linfático, reflexología...), que, adecuadamente aplicadas, revita-
lizan el cuerpo e inducen una maravillosa sensación de relajación. Dado que no siempre se puede disponer de un masajista
personal, conviene familiarizarse con la práctica del *automasaje*.
No es necesario ser un profesional para disfrutar del beneficio
que las manos pueden aportar al propio cuerpo. Concéntrese en
las zonas más sensibles al masaje (rostro y cabeza, cuello y hombros, brazos y manos, piernas y pies) y practique los *effleurages*,
fricciones, amasamientos, vibraciones y percusiones. No des-
cuide la aplicación de aceites o cremas especiales para hacer más
eficaces y penetrantes las maniobras, pero sobre todo no olvide
que mientras sus manos entran en contacto con el cuerpo acarician también suavemente el espíritu.

El sentido del tacto, así como abre la puerta a la relajación, también representa una vía para múltiples estímulos gratificantes. Entre estos destaca el contacto físico con los semejantes, en particular con aquellos a los que se quiere. Cuando la madre besa a su hijo, cuando dos enamorados se abrazan o simplemente cuando dos manos amigas se estrechan, las vías nerviosas que conducen la información táctil se conjugan con aquellas afectivas en el centro del placer.

En la búsqueda del contacto se expresa la necesidad de pertenencia, de aceptación, de seguridad, de afecto, de confianza. «Tocar es transmitir el amor a través de la piel» (del *Libro de las caricias* de Marcella Barth y Ursula Markus). Naturalmente, para resultar gratificante este estímulo sensorial debe ser espontáneo, sincero y, sobre todo, compartido.

Mediante el sentido del tacto puede reeducarse el placer a través de un eficaz reflejo condicionado que se integra con los otros sentidos: el *anclaje*. Apriete fuerte el puño de manera que estimule todos los receptores táctiles de la palma de la mano y provoque al mismo tiempo durante unos instantes una sensación agradable en cada uno de sus cinco sentidos (vista, oído, olfato, gusto y tacto). De este modo se crea un intenso condicionamiento entre el puño y el placer. Podrá así tenerlo siempre aferrado, igual que un ancla retiene la barca. En los momentos difíciles del cambio o en cualquier otro momento triste de la vida le bastará con apretar fuerte el puño para evocar de inmediato las sensaciones gratificantes que memorizó y, como por encanto, su estado de ánimo mejorará.

⓲➡ Tercer paso:
utilice nuevas estrategias

LA LLAMADA DE LA NATURALEZA

Su viaje por el mundo de los significados ha llegado a la fase final. Se encuentra en la isla del tesoro y su meta cada vez está más cerca. Lo intuye, advierte su presencia. Cuando escucha la llamada de la naturaleza alcanza el triunfo.

Lea con atención este cuento y revívalo después mentalmente con los ojos cerrados. Colóquese en el lugar del protagonista y deje que afloren las sensaciones y emociones.

Amanece un nuevo día y por fin ha alcanzado la isla del tesoro, la isla de sus sueños...

Un espléndido paisaje se abre frente a sus ojos. Es un lugar maravilloso, un pequeño paraíso.

Se encuentra rodeado por la armoniosa naturaleza, con sus colores, sus sonidos y sus olores. Descubre su camino.

Inicia la marcha con confianza, la meta está más próxima.

Los lugares que atraviesa le infunden calma y serenidad.

El peso que transporta es cada vez más liviano...

Como por encanto, junto al camino, aparece un gran árbol.

No es como los demás: es un árbol especial. Parece que fuera un viejo conocido...

Le parece perfecto, magnífico. Cuanto más lo observa, más le subyuga. Su imagen le absorbe completamente, le fascina sin que pueda saber por qué.

Observe sus gruesas raíces, que penetran profundamente en el terreno. Observe su tronco imponente, que se yergue hacia el cielo. Observe sus ramas, que se multiplican en todas direcciones y se alzan como si fueran brazos que buscan nuevos contactos. Observe sus hojas verdes, que capturan los rayos del sol.

Siente una gran atracción por esta maravilla de la naturaleza. Cada uno de sus detalles le provoca un estremecimiento...

Y mientras su significado profundo se deposita en su mente, una hoja se desprende de la copa del árbol y cae lentamente hacia usted. Gira suavemente cerca de su cabeza y se aleja empujada por una ligera brisa. Es una gran hoja verde.

La sigue con la mirada hasta que desaparece tras una masa rocosa. Es el lugar hacia donde el gran árbol le invita a dirigirse...

Una ardiente sed le impulsa hacia las rocas. Allí descubre la agradable sorpresa que la naturaleza le ha preparado: una fuente de prístinas aguas de propiedades milagrosas. Se trata de un manantial especial, es la fuente del cambio. Mana de la madre tierra sólo para usted.

Con satisfacción acepta la invitación a saciar la sed de su cuerpo y de su mente. El agua limpia y pura de la fuente le regenera completamente. Advierte una maravillosa sensación de ligereza y en el espejo de agua, increíblemente real, a los pies del manantial, ve un rostro que sonríe...

Observa también el reflejo de una flor próxima a aquella cara alegre. Es una flor blanquísima, encantadora, con una forma familiar: se parece a la flor roja. Es la misma, sólo ha cambiado de color.

Y así, en su vida, como en el cuento, el patito feo se ha transformado en un maravilloso cisne...

Compruebe el significado

El *gran árbol* es uno de los símbolos del imaginario más cargado de significado. Representa la vida en continua evolución. Evoca la integración de todos los elementos de la naturaleza: la tierra donde hunde sus raíces y de donde extrae las sustancias necesarias para su supervivencia; el agua que circula con la savia; el aire que nutre sus hojas junto con la luz solar.

Su estructura, con una parte que crece bajo tierra, invisible, y otra sobre la superficie, visible, representa simbólicamente la unión entre el inconsciente y la conciencia individual. La capacidad para explorar dos mundos tan diversos y darles continuidad hacen del gran árbol un símbolo de crecimiento y armonía interior. En este caso representa la preparación de su cambio.

Las *gruesas raíces* corresponden a la seguridad en las propias capacidades, el *imponente tronco* se refiere a la estabilidad de las decisiones tomadas y a la determinación en el logro de los propios objetivos, las *ramas que se extienden* indican la búsqueda de nuevos equilibrios y realidades, y las *hojas verdes* representan vitalidad y autonomía. La *gran hoja verde*, que ya había encontrado al inicio del camino, evoca su plan de acción, el compromiso consciente. La *madre tierra* es un recordatorio del origen de la vida y transmite una sensación de protección y pertenencia. La *fuente de agua* es un símbolo de renacimiento y renovación. Con su fuerza regeneradora representa su cambio, el paso de un estilo de vida envenenado y condicionado a otro respetuoso consigo mismo y con su libertad.

En el *espejo de agua* observa la revelación consciente de una verdad ya interiorizada: el *rostro que sonríe*. La confirmación de lo que en realidad es su tesoro.

El *amanecer de un nuevo día*, la *flor blanquísima* y el *cisne maravilloso* son metáforas del cambio: tras haber superado la ambivalencia de la *flor roja*, sus puntos de referencia ya no implican conflicto, y la transformación del *patito feo* puede vivirla como una victoria personal y un descubrimiento de sí mismo.

Algunos consejos

Diario: escriba la fecha, hora y circunstancias precisas en que ha fumado su último cigarrillo.

Es una fecha significativa, merece ser valorada y recordada: dibuje al lado una o más estrellas. Escriba a continuación una declaración de puño y letra por la que se comprometa a no fumar nunca más (recuerde el valor de las promesas a uno mismo).

Fórmula mágica: «¡El placer de no fumar es cada día más intenso!». Confíe a un amigo, un familiar o un compañero la tarea de repetirle esta frase cada día, durante un mínimo a lo largo de diez días consecutivos a partir del siguiente a su cambio. Es importante que esta persona esté convencida de que usted va a superar su problema y se tome en serio la tarea de ayudarle. Además, puede escribir la misma frase en una etiqueta adhesiva sobre una hucha. Si cada día introduce lo que ahorra en cigarrillos, al cabo de poco tiempo el placer de no fumar será todavía más intenso.

Hábitos saludables: durante la fase de cambio es conveniente dedicar algo de tiempo a la actividad física. En realidad debería evitar la vida sedentaria incluso antes del último cigarrillo. En los fumadores la falta de actividad facilita la aparición de bronquitis crónica, tromboangitis obliterante y tromboflebitis en las extremidades inferiores. Cuando se deja de fumar la actividad física facilita una rápida adaptación a la nueva situación ya que:

◆ tiene una gran capacidad de distracción frente al *craving*;
◆ tiene efectos beneficiosos sobre el estado de ánimo;
◆ se opone a la aparición del estrés psíquico permitiendo descargar rápidamente la tensión nerviosa;
◆ mejora la irrigación sanguínea, la oxigenación de los órganos y tejidos que han padecido la falta de oxígeno (al incrementar la funcionalidad de los órganos sensoriales se genera

una mejor percepción de las sensaciones placenteras).
Si todavía no ha adoptado este sano hábito, puede aprovechar el
cambio que está realizando para incorporarlo a su nuevo estilo
de vida.
No son necesarios ejercicios excepcionales para recuperar la
movilidad y el tono muscular. Puede bastar con una simple cami-
nata diaria, siempre que se haga de manera constante y con el
ánimo adecuado.

Gimnasia mental: si ya ha dejado de fumar, mírese de vez en
cuando al espejo y no dude en sonreír por el éxito que ha
logrado. Tarde o temprano verá en sus ojos reflejarse la felicidad.
Si todavía no ha dejado de fumar, mírese al espejo mientras está
fumando y piense intensamente en ese cigarrillo como si fuese
el último. Repita mentalmente varias veces las palabras «Lo dejo
ahora».
En un instante su vida podría cambiar. Concédase esta oportunidad. No hay regalo más hermoso que el que no se espera.

Relación con el tabaco: una vez que ha apagado el último cigarrillo, debe acostumbrarse a la normalidad. Durante los primeros días después del abandono puede resultarle útil algún ejercicio de desensibilización psíquica: imagine una situación
potencialmente ansiógena (encontrarse con amigos fumadores,
entrar en un local donde se fuma, relacionarse con alguien que
le ofrece un cigarrillo) e imagine superarla siempre de manera
brillante. Asuma cada vez más el papel de alguien que ha ven-
cido esta batalla, acepte con gusto esta posición y, si quiere
comportarse realmente como una persona que no fuma, intente
convencer a quienes quiere de que dejen de fumar.

Al final
del camino

Los caminos que ha recorrido con esta guía tienen algo especial. Van más allá de la meta fijada. Le conducen hacia un cambio quizá mayor de lo que esperaba. Las reflexiones y los recursos que ha desarrollado, junto con los ejercicios aprendidos, no sólo pueden protegerle de las recaídas, sino también ayudarle a alcanzar nuevas metas importantes.

Naturalmente, como podrá imaginarse, depende mucho de usted, del valor que atribuya a su aprendizaje y a su capacidad para mantenerse entrenado.

Al final de este camino también es posible encontrarse todavía con algún nudo que hay que desatar.

Una guía para dejar de fumar, aun siendo una ayuda válida y apreciable, es sólo un punto de referencia. Seguramente no contiene todas las respuestas que podría necesitar. El problema del tabaco presenta demasiados matices como para poder generalizar. Por este motivo el proceso de cambio no puede tener reglas fijas.

⎯▶ ¿Por qué no consigo dejarlo?

El método aquí propuesto conduce a separarse del cigarrillo por medio de diversos mecanismos, algunos de los cuales pretenden romper el vínculo con el tabaco y otros, en cambio, desarrollar la personalidad. Por un lado, se actúa directamente sobre la causa del problema, mientras que, por otro, se intentan corregir las variables individuales que ayudan a la aparición de dicho problema. Determinados rasgos de la personalidad (baja autoestima, escasa autonomía, insuficiente autocontrol) favorecen la aparición de la dependencia del tabaco y contribuyen a mantenerla.

Si después de haber seguido este método correctamente, no ha obtenido ningún beneficio, es porque el vínculo que ha establecido con el cigarrillo afecta a equilibrios más complejos. Esto significa que necesita algo más que una simple guía. Quizá con ayuda de un especialista podrá elegir la terapia más adecuada para usted.

Conviene distinguir diferentes situaciones. Si logra dejar de fumar completamente, pero resiste sólo durante algunos días y después vuelve a hacerlo, seguramente ha actuado demasiado deprisa durante la última etapa. Señale sobre su plan de actuación una nueva fecha para dejarlo y repita todas las indicaciones y ejercicios de la etapa de cambio.

Si no logra dejar de fumar por completo, pero ha reducido el consumo diario de cigarrillos, puede que necesite detenerse durante más tiempo en la cuarta y la quinta etapas («Decisión» y «Deshabituación»).

En cambio, si no ha notado ninguna mejora, debería reconsiderar esencialmente las tres primeras etapas («Planificación», «El problema» y «Motivación»). No debe infravalorar nunca el momento en que ha decidido seguir los consejos de la guía (a veces, en situaciones especialmente negativas, es mucho mejor esperar un tiempo).

En cualquier caso, el método debe conducirle a dejar de fumar de manera suave, con gusto; si no ocurre de este modo, no insista y diríjase a un especialista.

➠ ¿Qué puedo hacer para no recaer?

En primer lugar, es necesario aceptar el cambio. Cuando se deja de fumar la vida se transforma radicalmente y el primer paso que debe darse es el de apreciar la nueva realidad. Aceptar el cambio significa adoptar la posición de la persona que no fuma con una sonrisa en los labios y observar con satisfacción la propia transformación. Reconocer la mejora tiene un gran efecto protector.

Pero el auténtico secreto para no recaer en la trampa del tabaco se llama *autoestima*. Cuando se separe del último cigarrillo cambie la conciencia y la valoración que tiene de sí mismo. El éxito en este difícil desafío hará crecer de manera excepcional su autoestima: se sentirá orgulloso de usted mismo, se aceptará, se respetará y confiará en sus propios recursos. El problema que debería plantearse ahora, para evitar la recaída, es cómo mantener esta buena reputación de sí mismo conquistada con la victoria sobre el tabaco. Depende en gran medida del concepto que ya tenía de usted mismo antes del cambio.

La autoestima es un modo de pensar que se aprende durante la infancia y evoluciona con la edad, se desarrolla y se singulariza con la adquisición de experiencia, con la interacción, con los éxitos y los fracasos. Una buena opinión de uno mismo se traduce en un carácter emprendedor, en deseos de participar, de comunicar, en el gusto por estar entre la gente. Por el contrario, una imagen negativa de uno mismo conduce al pesimismo, a sentimientos de inferioridad, a experimentar dificultades en las relaciones interpersonales, al aislamiento, la pasividad y la sumisión. Todas ellas, condiciones que pueden favorecer la adquisición de una dependencia y mantenerla permanentemente. Una baja autoestima no sólo puede alentar la necesidad de fumar, sino que puede obstaculizar los intentos de dejarlo o ser la principal responsable de una recaída. Por este motivo es importante reforzarla constantemente. En esta guía se recogen numerosas técnicas de autoafirmación (de la visualización al diálogo interior, del pensamiento positivo a la construcción de valores y la reeducación del placer). Casi en cada etapa se ofrecen reflexiones y sugerencias para incrementar la autoestima, pero también sin guía puede llevar a cabo con confianza este trabajo de crecimiento personal. Basta mirar a su alrededor: la vida está llena de dones preciosos que esperan ser recogidos. Incluso palabras sencillas, dichas por no importa quién, pueden transformarse en perlas de sabiduría y nutrirle durante todo el día. Sólo de usted depende dar continuidad a su cambio.

El mayor error de quien deja de fumar consiste en creer que, una vez apagado el último cigarrillo, ya todo está resuelto.

⫸ ¿Y si me ofrecen un cigarrillo?

Una vez que haya dejado de fumar, no deberá bajar nunca la guardia ni olvidar al enemigo contra el que ha combatido.

Cuanto más tiempo pase, más se reducirán sus posibilidades de recaída, pero no existe un límite temporal que marque la desaparición completa del riesgo. La nicotina deja rastros en la memoria a largo plazo que, años después, pueden reactivarse. No dé por finalizada su lucha contra el tabaco. Es la mejor manera de no regresar al campo de batalla.

Cada día que pase felicítese por el éxito conseguido y sobre todo no piense nunca que un cigarrillo o una calada no tendrán ningún efecto. Siempre se vuelve a comenzar de este modo. Si una persona le ofrece un cigarrillo responda:

«¡No, gracias, ya no fumo!».

Esta afirmación no es una descortesía, sino que habla bien de usted y de su futuro.

Bibliografía

AMBRA, Maurizio D', *Técnicas de comunicación*, Editorial De Vecchi, 2004.

BIDERMANN, Hans, *Diccionario de símbolos*, Ediciones Paidós, 1996.

COVITO, Carmen, *L'arte di smettere di fumare (controvoglia)*, Mondadori, 2005.

CROSERA, Silvio, *L'autostima. Come avere successo nella vita privata i professionale*, De Vecchi Editore, 2003.

GOLEMAN, Daniel, *Inteligencia emocional*, Editorial Kairós, 1996.

HEINZE, Roderich y VOHMAN-HEINZE, Sabine, *Cambie su vida con PNL: programación neurolingüística: la técnica para alcanzar todas sus metas*, RBA Libros, 1996.

HILL, Napoleon y STONE, W. Clement, *La actitud mental positiva*, Grijalbo, 1997.

JOHNSON, Robert, *Equilibrio. Come ottenere il massimo dalla vita*, Techniche Nuove, 2001.

MARKHAM, Ursula, *Las respuestas están dentro de ti*, Ediciones Robinbook, 2004.

SEAWARD, Brian Luke, *L'arte della calma*, ECO, 2002.

TYRREL, Mark y SUTTON, Jan, *Il gigante che è in te*, ECO, 2003.

VOLLMAR, Klausbernd, *Colori: Come utilizzare pienamente il loro straordinario potere terapeutico*, Edizioni Red, 2003.